Las Primeras 12 Series del Caribe de Béisbol (1949-1960)

Esteban Romero

Las Primeras 12 Series del Caribe de Béisbol (1949-1960)

Esteban Romero

Edición: mayo 2022

Impreso por Printai, 28026 Madrid, España- Printed in Spain

ISBN: 978-84-09-42388-0

Dedicado al mejor lanzador en Series del Caribe, el inolvidable Camilo Pascual Lus

ÍNDICE:

Prólogo

"Los recuerdos bonitos son mejores que los diamantes, pues nadie te los puede robar."
Rodman Philbrick (1951, escritor estadounidense)

Desde quien suscribe tuvo uso de razón, las series del Caribe eran un evento esperado, extensivo a toda la afición cubana, como también lo fueron las Series Mundiales de las Grandes Ligas. En aquel entonces se jugaba también pelota amateur, pero no tenía la enorme afición que poseían los campeonatos profesionales de la Liga Cubana. Por esa razón, los eventos internacionales y regionales de béisbol amateur pasaban sin mucha atención, incluso la cobertura de prensa era muy limitada. Tampoco los equipos tenían el debido apoyo para asistir a esas competencias. Después de 1953, Cuba no asistió a evento amateur de béisbol hasta los Juegos Panamericanos de Chicago (1959). Con el béisbol profesional no era lo mismo, ya que poseía fondos para sus actividades. La rivalidad del Habana y el Almendares, el juego de muchos grandeligas cubanos en los equipos existentes, además de otros peloteros promisorios estadounidenses, daban un colorido muy particular a aquellos campeonatos, cuyo epilogo era por todo lo alto con las Series del Caribe. La prensa cubría todos los aspectos de esos juegos, losbox scores no faltaban, tampoco páginas llenas de comentarios de expertos en la materia.

En aquellas Series del Caribe participaban verdaderos trabucos profesionales, donde jugaban estrellas de las Ligas Negro, ya entonces en fase de extinción, de Ligas Menores y Mayores. Imaginense esos torneos con la participación de estrellas como Willie Mays, Monte Irvin, Roberto Clemente, José Santiago, Orestes Miñoso, Luis Aparicio, Héctor López, "Chico"

Carrasquel, Ramón Monzant, Víctor Pellot, Jim Bunning, Conrado Marrero, Camilo Pascual, Pedro Ramos, Román Mejías, Tony Taylor, Tony "Haitiano" González y otros más. Las actuales series no tienen esos nombres en juego, no nos engañemos. Las Series del Caribe eran un evento de una enorme calidad, eso a pesar de que ya entonces existían las prohibiciones a jugar en estas justas para algunos peloteros de equipos de Grandes Ligas. Podía faltar uno, pero jugaban los otros, el que faltaba, podía asistir al año siguiente de ser el caso.

Los equipos cubanos siempre fueron de los más fuertes, evidencia de ello fue que de 1949 a 1960 lograron siete títulos. Daba lo mismo que fuera el Habana, el Almendares, el Cienfuegos o el Marianao, al final había sonrisa para los equipos cubanos, y cuando se perdía, casi siempre era con las botas puestas.

Estas primeras doce series del Caribe marcaron una época en el béisbol cubano, era el momento del despegue de nuestro pasatiempo nacional a fase superiores de juego. La liga cubana y estas series contribuían directamente a que Cuba pasara a tener una franquicia en la Liga Internacional (AAA), que sustituía a la que poseía en la Liga Internacional de la Florida de inferior categoría. La consigna de "Un paso más y llegamos" era real, el número de peloteros cubanos jugando al nivel de AAA en Ligas Menores y en Grandes Ligas era ascendente año tras año, por lo que no era una quimera pretender en un par de lustros tener un equipo en Grandes Ligas. Realmente uno disfruta al recordar muchas de las jugadas ocurridas en aquella década de los 50, incluso cuando los equipos cubanos eran derrotados, ya que los adversarios poseían también calidad. Esos recuerdos son parte del acervo personal del autor, los que me complace en compartir en este libro.

El origen de las series del Caribe

"Puedes construir sobre el éxito de ayer o poner tus fracasos en el pasado y empezar de nuevo."
Bob Feller (lanzador estrella de la MLB en los 40-50)

Los antecedentes de las series del Caribe de béisbol están en la realización de las llamadas justas Interamericanas. Venezuela se sentía en la gloria al ganar los campeonatos mundiales amateur de 1941, 1944 y 1945, por lo que Jesús Corao, empresario venezolano, amante del béisbol, tuvo la idea de organizar las Series Interamericanas, a partir del 18 de octubre de 1946, con la participación de los equipos Sultanes de Monterrey, de México; All Cubans de Cuba; el conjunto local, Cervecería Caracas; y los Bushwicks de Estados Unidos, que finalmente vencieron en esa primera justa y en las sucesivas organizadas en 1947, 1948 y 1949.

No obstante, la idea inicial de las series del Caribe les corresponde a los publicistas venezolanos Oscar "El Negro" Prieto y Pablo Morales, quienes presentaron un proyecto para realizar este tipo de torneo, con participación de equipos campeones caribeños. Dicha propuesta fue aceptada y aprobada en la convención de la Confederación de Béisbol del Caribe realizada en Miami, en 1948.

Veamos cómo surgió la referida confederación. Los países de América Latina, que practicaban la pelota profesional, no estaban muy de acuerdo con los lineamientos de la pelota norteamericana. El multimillonario veracruzano Jorge Pasquel, presidente de la Liga Mexicana de este deporte desde 1943, se dio a la tarea de organizar campeonatos de calidad, sin importar el asunto racial que tanto afectaba a la pelota estadounidense. Pasquel, con su decisión, trajo muchos peloteros de alta calidad de las Ligas Negro e igualmente de las Ligas Mayores a jugar en México. Este movimiento no gustó al comisionado de la MLB, Happy Chandler, quien no tardó en imponer una prohibición de cinco años de juego a todo grandeliga que se hubiera marchado a la liga mexicana. La prepotencia en ambos casos prevaleció. Chandler no se percató que Pasquel no podría rentabilizar el dinero de los altos salarios que había ofrecido a esos peloteros. Los estadios de México se pueden llenar, pero lo que pagan por entrar a los mismos no es igual a lo que se paga en los parques de EE.UU., tampoco era lo mismo lo que aportaba la radio y prensa en México a la de EE.UU. Al final, aquel experimento de Pasquel y sus hermanos se estrelló como era de esperar.

Este problema tuvo su reflejo en Cuba, segunda potencia entonces del béisbol profesional, ya que muchos peloteros de Grandes Ligas que se fueron a jugar durante el verano en México, venían a jugar en el invierno en Cuba.

El 11 de julio de 1947, George Trautman, presidente de la Asociación de Ligas de Béisbol de EE.UU., que representaba las Ligas Menores existentes (Triple A, Doble A, clases A, B, C, D), declaró a la liga cubana como circuito abierto, por lo que la sanción impuesta a varios peloteros cubanos y estadounidenses, los rebeldes que marcharon a las justas organizadas por Pasquel, fue levantada. Entre los agraciados con esta medida estaban: los receptores Mickey Owen, el cubano Salvador Hernández; los infielders Roy Zimmerman, Vernon Stephens, el cubano Napoléon Reyes, el mexicano José Luis “Chile” Gómez, George “La ardilla” Hausmann, Lou Klein, Murray Franklin; los jardineros Danny Gardella, el boricua Luis Rodríguez Olmo, el canadiense Roland Gladu, los cubanos Roberto Ortiz, Roberto

Estalella y René Monteagudo; y los lanzadores Sal Maglie, el venezolano Alejandro Carrasquel, el canadiense Jean Roy, el cubano Adrían Zabala, Harry Feldman, Ace Adams y Max Lanier. En la lista de los perdonados había otros tres peloteros de ligas menores.

Por el acuerdo firmado con Trautman por Julio Sanguily, comisionado de la liga cubana, se permitió también que ocho peloteros estadounidenses jugaran en cada equipo de la liga cubana. Este pacto tenía una validez de un año, siempre renovable. Tanto las ligas menores como la cubana se subordinarían a las Grandes Ligas (MLB). Vale la pena aclarar que algunos peloteros cubanos no estaban satisfechos con semejante acuerdo y abogaban por poseer una liga independiente, fue por eso que surgió la llamada Federación, que al final tuvo un par de justas, ambas jugadas en el estadio de la Tropical.

Había que tener peloteros, Cuba los tenía para poder organizar dos campeonatos paralelos de béisbol y de calidad. No obstante, la existencia de la federación fue breve, por lo que su desaparición reforzó el campeonato de la liga cubana.

El acuerdo Cuba-EE.UU. en béisbol profesional se extendió paulatinamente a otros países del área del Caribe, lo que propició inicialmente la creación de la ya mencionada Confederación del Caribe en 1948, muy promovida por la liga cubana, y posteriormente la realización de una serie de equipos campeones, que debería concluir siempre antes del mes de marzo.

El formato adoptado para estas series fue de un Todos contra Todos a dos vueltas, lo que arrojaba un total de 12 desafíos en el torneo. La primera sede, como era de esperar, correspondió a La Habana en las fechas del 20 al 25 de febrero de 1949. En años sucesivos, le tocaría a Puerto Rico, Venezuela y Panamá organizar las siguientes series.

He visto algunos artículos y realmente ninguno habla del impacto económico que tuvo aquella primera serie en la Habana. Por suerte, hay información al respecto en la prensa de la época.

Primeramente, la cobertura de prensa estuvo a cargo de más de una docena de periodistas de distintos órganos de prensa de los países participantes y de EE.UU. Los juegos fueron transmitidos por cinco corporaciones radiales, además de tres radioemisoras nacionales y tres agencias cablegráficas. Los narradores más populares entonces fueron Francisco José Croquer de "Ondas Populares" de Caracas conjuntamente con Eduardo Pineda y Oscar "El Negro" Prieto. Los boricuas pudieron escuchar el desarrollo de los juegos en la voz del estelarísimo Buck Canel conjuntamente con José "Pito" Álvarez de la Vega, juegos trasmitidos por WIAC de San Juan, WPAB de Ponce y WPRA de Mayagüez. El ingreso de dinero solo por este concepto de prensa y radio fue de más de 800 mil pesos en aquel momento.

Lo más interesante fue que los hoteles en la Habana no daban espacio suficiente para albergar a tantos visitantes de los países del área para presenciar los partidos. En 1949 no había Havana Hilton, ni otros hoteles conocidos, por lo que mucha gente se vio obligada a albergarse en hoteles baratos de la capital. Los carteles "No tenemos habitación" eran frecuentes en los albergues habaneros en ese momento ¿Cuánto dinero entró por ese concepto? No he encontrado la cifra, pero es de suponer que haya superado el monto aportado por la radio y la prensa.

Se previeron estímulos materiales a los peloteros destacados, todos dados por la revista Bohemia, de 1000 pesos para lanzador que lograra juego perfecto; 100 pesos para el que resultara líder en pitcheo o en bateo; 50 pesos para todo aquel que lograra conectar de jonrón e igual suma para el lanzador que lograra lechada.

I Serie del Caribe (1949)

Veamos las nóminas de los cuatro equipos participantes en esta primera justa de beísbol del Caribe:

Almendares

Director: Fermín Guerra
Receptores: Mike Sandlock, Andrés Fleitas y Gilberto "El Chino" Valdivia.
Cuadro: Chuck "The Rifle Man" Connors (1B), Granny Hammer (2B), Héctor Rodríguez (3B), Avelino Cañizares (SS), Willy Miranda, René González y Francisco "Sojito" Gallardo.
Jardineros: Al Gionfrido, Sam "El Sambo" Jethroe, Monte Irvin y Santos "El Canguro" Amaro.
Lanzadores: Agapito Mayor, Morris Martin, Conrado Marrero, Eddie Wright, Rene "Tata" Solís, Jorge Comellas, Octavio Rubert y Vicente López.

Los Alacranes venían de ganar el campeonato cubano de manera fácil, sacaron 8 juegos de ventaja a los Leones del Habana, ocupante del segundo lugar. En las filas de los azules militaban lanzadores de la talla del zurdo Agapito Mayor, los derechos Conrado Marrero, Tata Solis y Octavio Rubert, y el líder en lechadas (4) de la temporada, Morris Martin. En la ofensiva estaban los jardineros Al Gionfrido, además de las estrellas de Ligas Negro, Monte Irvin y Sam Jethroe, el antesalista Héctor Rodríguez y el inicialista, luego actor de reparto en cine, Chuck Connors. Era un equipo balanceado en bateo, defensiva y pitcheo.

Puerto Rico, representado por los Indios de Mayagüez, traía un conjunto con nombres de varias estrellas de Ligas Negro y de las Menores, entre ellas Artie Wilson, Wilmer Fields, Bill Powell y Luke Easter:

Director: Artie Wilson
Receptores: Quince Trouppe, Luis Villodas, Humberto "Pita" Martí y Chaguin Murrati.
Cuadro: Luke Easter (1B), Lorenzo "Piper" Davis (2B), Wilmer Fields (3B y P), Artie Wilson (SS), Alonzo Perry.
Jardineros: Carlos Bernier, Efraín Blasinni, Jorge "Múcaro" Rosas, Carlos Manuel Santiago, Johnny Davis.
Lanzadores: Bill Powell, Johnny Davis, Alfonso Perry, Cefo Conde, Juan Pérez y Wilmer Fields, quien también actuaba como antesalista, Alonzo Peny (igualmente

El conjunto venezolano fue representado por Cervecería Caracas, el que años después se convirtiera en los temibles Leones de Caracas:

Director: José Antonio Casanova
Receptores: Enrique Fonseca, Guillermo Vento.
Cuadro: Luis "Cambao" Oliveros 2B, Vidal López, Alfonso "Chico" Carrasquel SS, Luis Romero Petit 3B, Rafael García Cedeño, Benito Torrens (pelotero boricua, único no venezolano en el equipo).
Jardineros. Dalmiro Finol, Félix "Tirahuequitos" Machado, Aureliano Patino, Héctor Benítez Redondo.
Lanzadores: Daniel Canónico, Luis "Mono" Zuloaga, José "Carrao" Bracho, Miguel Sanabria, Ramón "Dumbo" Fernández, Román Fuenmayor, Julio "El rubio de Maracay" Bracho, Domingo Barboza, Valentín Arevalo, Carlos Rotjes.

Llama la atención la presencia de Daniel Canónico, más conocido como el Chino, lanzador que doblegara al equipo Cuba en el mundial de 1941, en el mismo parque de la Tropical en la Habana. Primero venció a la escuadra cubana 4-1 y luego, en el partido decisivo, 3-1, en duelo con el premier Conrado Marrero. Ahora ambas figuras estaban en este torneo y muchos pensaron que podría resultar en un nuevo duelo. Ya había habido una revancha en el torneo de 1942 cuando el Cuba le ganó a Canónico 8-0. Así que otro enfrentamiento era igualmente de interés, pero no fue así como veremos más adelante.

Panamá vino representada por el Spur Cola:

Director: Edric Leon Kellman
Receptores: Edric León Kellman y Herman Charles.
Cuadro: Doug Lewis y Belfield Harris (1B), el cubano Orlando Moreno (2B), Humberto Arthur (3B), Sam Bankhead (SS), Alejandro Clothiers y Juan Clausal.
Jardineros: Victor Beet, Archie Brathwaite, Granville Gladstone, Gerald Thome, Lester Lockett y León Treadway.

Lanzadores: Patricio "Lord" Scantlebury, el cubano Leonardo "Guillotina" Goicochea, Astor Cupidan, Lionel Hooker, Rolando Morris (luego árbitro en su carrera sucesiva) y Sam Jones. Como se observa, el equipo panameño traía dos peloteros cubanos en su nómina y varios peloteros estadounidenses, además de los nacionales.

La primera bola de esta primera serie fue lanzada por George Trautman, presidente de la Asociación de Ligas Profesionales de Béisbol (*National Association of Professional Baseball Leagues*). El primer juego de la serie, el 20 de febrero de 1949, estuvo a cargo de Spur Cola contra los Indios de Mayagüez, el cual terminó con anotación de 13-9, donde entre ambos equipos se pegaron 31 hits, 16 a la cuenta de los boricuas y cometieron par de errores. Los panameños no creyeron en los envíos de los lanzadores Wilmer Fields, Cefo Conde, Juan Pérez y Alonso Perry para llevarse el triunfo. El derrotado fue el también antesalista Wilmer Fields, que lanzó 5.1. El zurdo panameño Pat Scantlebury aguantó las tormentas boricuas durante 8 entradas, para llevarse la primera victoria en la historia de estas series. El primer hit en estas justas lo logró el jardinero central del Spur Cola, el georgiano Leon "Red" Treadway, en la primera entrada de este desafío.

El segundo juego, en igual fecha, fue el de Cervecería Caracas contra el Almendares, juego que lanzó cómodamente todo el tiempo Conrado Marrero, ya que sus compañeros le dieron con todo a los lanzadores venezolanos, 21 hits, para aplastar a sus adversarios 16-1. No he encontrado dato alguno de si el Chino Canónico llegó a asomarse al montículo en ese juego. Marrero dejó a los del Caracas en 4 hits, incluido el primer jonrón de la justa, conectado por Dalmiro Finol en la parte baja de la cuarta entrada, única anotación del Caracas. El equipo venezolano cometió 4 errores y Almendares ninguno.

El director José A. Casanova de Cervecería Caracas felicita a Dalmiro Finol, quien conectó el primer jonrón en serie del Caribe

En la siguiente fecha, 21 febrero, los partidos fueron Spur Cola contra Cervecería Caracas y el esperado Almendares contra los Indios de Mayagüez. El conjunto panameño sucumbió ante Cervecería Caracas, en juego con anotación de 4-2. El equipo venezolano disparó 8 hits y el de Panamá 6, ambos cometieron un error.

Llegado el plato fuerte, vino una nueva decepción boricua al sucumbir 8-5 ante el Almendares. Morris Martin abrió por los azules, quien ponchó a 9 boricuas en las primeras cinco entradas, pero un juego de béisbol tiene 9 entradas y quedaban cuatro para los Indios poder hacer daño con su poderosa ofensiva. Así fue, Almendares iba delante en el marcador 4-1 en la sexta entrada, los boricuas rompieron el celofán en la tercera entrada por sencillos del lanzador Bill Powell, el torpedero Wilson y el jardinero izquierdo Bernier. Los alacranes ripostaron por base al lanzador Morris, cohete de 3 bases de Jethroe, entró el empate, fly de sacrificio de Hamner y batazo de Gionfrido por tercera, quien tiró mal a primera, cepillazo impulsor de Irvin, robo de segunda y error en tiro de Quincy Trouppe y fly largo al central también impulsor de Connors. Fueron 4 anotaciones. En el inicio del sexto vino la rebelión boricua, doblete de Davis al central, sencillo de Luke Easter, tiro equivocado de Irvin, con lo que Easter llegó a segunda y luego a home por cohete de Wilmer Fields. A Morris se le había acabado la gasolina, la evidencia fue el doblete del receptor Trouppe, y Fermín no esperó más y trajo a Agapito Mayor a lanzar, quien recetó calmante a los bates boricuas con par de ponches consecutivos. Los alacranes salieron dispuestos a picar en esa misma entrada, el actor Connors disparó doble, Héctor conectó infield hit, con el batazo de Cañizares hubo round down, en el cual Connors fue puesto out, pero los corredores avanzaron. El Chino Valdivia cedió out que sacó de circulación a Héctor, pero el emergente Sandlock por Agapito sonó batazo mal fildeado por Davis, el cual se fue hasta lo profundo e impulsó a Cañizares y a Valdivia. El trinitario Octavio Rubert entró a lanzar, quien logró el escón en la séptima entrada, pero en el octavo sencillos de Easter y Trouppe se combinaron para provocar otra anotación. Los alacranes salieron a picar y con su mejor actor de cine, Chuck Connors nuevamente con doblete al central, Cañizares logró base por error del torpedero Artie Wilson, le siguió Valdivia con otro doble impulsor de dos más, pero la rebelión terminó por ponche a Rubert y foul fly de Sam Jethroe. Rubert tiró el noveno, el que cerró con ponche a Davis. Ambos conjuntos batearon 9 hits cada uno, pero los Indios cometieron 4 costosas pifias. El lanzador derrotado fue el derecho Bill Powell, quien en ese momento jugaba en las Ligas Negro para los Barones de Birmigham y a partir de 1951 en varios conjuntos de ligas menores. El ganador fue el relevista Agapito Mayor, con salvado para Rubert. La ofensiva de los Alacranes radicó en el feroz bateo de Connors secundado por Irvin, Gionfrido y Valdivia.

El 22 de febrero se enfrentaron Cervecería Caracas contra los Indios de Mayagüez, juego abierto por Luis "Mono" Zuloaga de parte de los venezolanos y Alonzo Perry por los boricuas, juego que resultó en una sonrisa para el Caracas de 5-3. Zuloaga supo contener la ofensiva boricua en los momentos más difíciles ante los Indios, los que anotaron la primera del juego por sencillo de Artie Wilson y doble del gigante Luke Easter en la misma primera entrada. Los venezolanos ripostaron en la parte baja del segundo por hit de Rafael García y error en los jardines, con lo que llegó a segunda, out intercalado y hit impulsor de Bénitez. En el tercero repitieron con otra cuando el torpedero Oliveros recibió base y Finol lo impulsó con imparable. En el sexto, Mayagüez empató por hit de Davis, doble de Wilmer Fields y otro sencillo de Alonzo Perry. Vino el *lucky seven* y los venezolanos lo quisieron aprovechar, sencillo de Romero, sacrificio de Oliveros, otra base a Finol y sencillos de Vidal López y del inicialista Dumbo Fernández, con lo cual se garantizaron las 5 carreras de esta victoria. El lanzador de Ligas Negro, Alonso Perry cargó con la derrota de su conjunto, mientras que el derecho Luis "Mono" Zuloaga cubría la ruta completa para llevarse la victoria.

En la siguiente jornada persistió la pesadilla para los Indios, al caer derrotados por Cervecería Caracas 5-2, donde ambos conjuntos batearon 11 incogibles y el equipo boricua cometía un error, Caracas ninguno. A segunda hora, Ed Wright del Almendares, a pesar de permitir 8 incogibles al equipo panameño, se las arregló para pintarlos de blanco y vencer con anotación de 4-0. Así Wright dejó en los libros de esta justa la primera lechada en series del Caribe. El equipo cubano bateó 6 imparables y no cometió errores. El relevista Lionel Hooker provocó risas en el público cubano, ya que levantaba una pierna antes de posicionarse en el box, algo raro y jamás visto. Levantaba la pierna y allá el público lo coreaba. El derrotado fue el abridor cubano, el zurdo Goicochea, quien logró tirar los tres primeros ceros contra el Almendares hasta la cuarta entrada cuando llegó rally de 3 de color azul, donde intervino hit de Gionfrido, triple de Monte Irvin, sencillo del futuro actor de Hollywood, Chuck Connors, Héctor Rodríguez lo llevó a segunda con otro imparable, toque de Avelino Cañizares, bien fildeado por Goicochea, pero con pase malo al antesalista, que permitió al actor deslizarse safe. Bases llenas y a Fermín Guerra se le ocurrió un squeeze play, foul del bateador Fleitas, pero los panameños ni se lo olían. Finalmente, batazo al central y Chuck entró con la tercera de esa entrada. La cuarta carrera llegó en el quinto por base a Granny Hammer, Gionfrido lo llevó a segunda, luego robo de tercera, aunque es justo indicar que al antesalista del Spur se le cayó la bola en tiro de Kellman. Goicochea cedió par de boletos a Irvin y al actor Connors, Héctor trajo a Hammer con fly de sacrificio.

ALMENDARES

	V.	C.	H.	O	A.	E
Jethroe cf.	5	0	0	4	0	0
Hamner 2ª	3	1	0	2	8	0
Gionfrido lf	3	1	1	2	0	0
Irving rf	2	1	1	1	0	0
Connors 1ª	3	1	2	12	0	0
Rodriguez 3ª	4	0	1	1	2	0
Cañizares ss	2	0	0	1	3	0
Fleitas c	4	0	1	3	1	0
Wright p	3	0	0	1	2	0
Totales	29	4	6	27	16	0

PANAMA

	V.	C.	H.	O.	A.	E
Arthur 3ª	4	0	0	1	2	1
Treadwey cf.	4	0	2	2	0	0
Kellman c	4	0	0	8	2	1
Barnett rf	4	0	1	2	0	0
Bankhead ss.	4	0	0	2	3	0
Lockett lf	4	0	3	2	0	0
Lewis 1ª	4	0	0	6	0	0
Moreno 2ª	3	0	1	6	2	0
Goicoechea p	2	0	0	0	3	0
Scantlebury (a)	1	0	1	0	0	0
Hooker p	0	0	0	0	0	0
Thorne (b)	1	0	0	0	0	0
Totales	35	0	8	27	12	2

(a) bateó por Goicoechea en el 7º
(b) bateó por Moreno en 9º

Almendares	000	310	000—4
Panama	000	000	000—0

Box score del juego con la primera blanqueada en Series del Caribe

En la segunda vuelta, al fin los Indios lograron victoria, esta vez de 11-9 contra el Spur Cola. Nuevamente fue un juego de batazos, 13 imparables por cada equipo, entre ellos el primer jonrón con las bases llenas de las series, conectado por Wilmer Fields en la octava entrada sobre los envíos del perdedor del desafío, el lanzador cubano Leonardo “Guillotina” Goicochea. Los Indios, como para no perder la costumbre, cometieron 2 errores en este partido. En el segundo encuentro, Almendares, con René "Tata" Solis en el montículo, le ganó 6-3 a los venezolanos. Once hits del equipo cubano, que incluyó jonrón de Monte Irvin y dobletes del actor Connors, Gramners, Jethroe y Gionfrido, combinado con 4 errores de los venezolanos fueron suficientes para la victoria. La derrota a la cuenta del Chino Canonico, quien no aguantó la ofensiva del conjunto cubano. La decisión de poner a Canonico en el montículo fue desacertada completamente, estelar lanzador que había visto pasar los mejores momentos de su carrera.

El 24 de febrero es fiesta nacional en Cuba, se conmemora el grito de Baire e inicio de la guerra de Independencia. El primer juego de ese día fue a base de Spur Cola contra Cervecería Caracas, ganado 3-2 por el conjunto panameño. Ambos conjuntos batearon 6 imparables cada uno, mientras los venezolanos cometían un error. A continuación, Almendares, con Agapito Mayor cubriendo toda la ruta, festejó la fecha por todo lo alto, victoria de 11 a 4 sobre los Indios. Interesante que cada conjunto bateó 11 imparables. Los lanzadores castigados del conjunto boricua fueron "Piper" Davis y Bill Powell, perdedor del partido. Los Indios cometieron 4 errores, una defensiva pobre realmente. Con esa victoria ya el equipo cubano conquistaba el cetro de esta primera serie.

En la fecha final, los Indios fueron nuevamente apabullados, esta vez por los venezolanos, con furiosa ofensiva de 17 hits que produjeron 14 carreras, sobre los envíos del abridor Cefo Conde, relevado por Wilmer Fields y Alonzo Perry, mientras los Indios bateaban 8 imparables, anotaban 4 y cometían 3 errores más. Una verdadera decepción fue este equipo boricua, del cual se esperaba diera una bonita batalla por el título contra el Almendares.

En el partido del adiós, Almendares vencía 5-2 al Spur Cola, juego en el que el conjunto cubano bateó 6 incogibles por 7 de los visitantes. El equipo refresquero también cometió 3 errores. El lanzador ganador fue nuevamente Agapito Mayor en rol de relevista.

Tabla final de posiciones

Equipo	G	P	Prom.	Dif.
Almendares	6	0	1000	-
Cervecería Caracas	3	3	.500	3.0
Spur Cola	2	4	.333	4.0
Indios Mayagüez	1	5	.167	5.0

El líder de los bateadores de la justa fue el jardinero Al Gionfrido de los Alacranes, el cual bateó para .533. Monte Irvin se llevó el liderato de las impulsadas y jonrones, con 11 y 2, respectivamente. Los otros jonroneros de la justa fueron Finol y Fields como ya se mencionó, y el venezolano "Chico" Carrasquel y el cubano Héctor Rodríguez. Otros bateadores destacados del Almendares fueron Chuck Connors (.409), Héctor Rodríguez (.458), donde además de su jonrón se incluyen dos dobles y un triple, y 8 empujadas; Sam Jethroe (.320), quien bateó dos dobles, 3 triples y robó 3 bases. Por los venezolanos destacaron Dalmiro Finol (.320), el inicialista Dumbo Fernández (.350) y el jardinero Guillermo Vento (.375).

Líderes en bateo

VB	Pipper Davis	Mayagüez	27
C	Al Gionfrido	Almendares	8
	Wilmer Fields	Mayagüez	
H	Héctor Rodríguez	Almendares	11
2B	Chuck Connors	Almendares	3
	Al Gionfrido	Almendares	
	Sam Bankhead	Spur Cola	
3B	Sam Jethroe	Almendares	3
HR	Monte Irvin	Almendares	2
CI	Monte Irvin	Almendares	11
BR	Chuck Connors	Almendares	4
	León Kellman	Spur Cola	
	Sam Bankhead	Spur Cola	
Prom.	Al Gionfrido	Almendares	.533

Por Spur Cola se destacaron al bate el veterano torpedero Sam Bankhead (.348), uno de los preferidos del que suscribe. Pelotero que hizo tanto donde quiera que jugó e inconcebiblemente no se le ha exaltado al Salón de la Fama. El inicialista Douglas Lewis bateó para .391 incluido par de dobles. Los Indios batearon y no poco, pero defendieron casi nada, aparte que su pitcheo fue de los peores de la justa. Barquillo en mano se destacaron el receptor Humberto Martí (.357), el receptor-jardinero Quincy Trouppe (.444), el inicialista-lanzador Alonso Perry (.333), el antesalista-lanzador Wilmer Fields (.429), el torpedero-director Artie Wilson (.346) y el inicialista Luke Easter (.400) con 7 empujadas.

Las estrellas del pitcheo fueron el cubano Agapito Mayor con 3 victorias, una en calidad de relevista, y José "Carrao" Bracho del Caracas, con sus dos victorias. Sam Jones del Spur Cola demostró laboriosidad y completó los dos juegos que lanzó.

Alonzo Perry fue el más destacado por los Indios, mereció mejor suerte en el primer juego que le lanzó al Almendares, donde la defensiva boricua dejó mucho que desear. Ed Wright se llevó los aplausos al lanzar la primera blanqueada de estas justas. Como dato negativo, el lanzador cubano Leonardo "Guillotina" Goicochea del Spur Cola, perdió los 3 juegos en los que lanzó.

Líderes de pitcheo

JL	7 lanzadores		3
JC	Sam Jones	Spur Cola	2
Inn.	Sam Jones	Spur Cola	17
K	Sam Jones	Spur Cola	10
	Alonzo Perry	Mayagüez	
Ganados	Agapito Mayor	Almendares	3
Lechadas	Ed Wright	Almendares	1
Perdidos	Leonardo Goicochea	Spur Cola	3
G/P%	Agapito Mayor	Almendares	1000

El MVP de esta serie correspondió al lanzador cubano Agapito Mayor, el que ganó 3 juegos sin derrotas, marca que permanece intocable hasta la actualidad. Las otras tres victorias del Almendares fueron a la cuenta de Marrero y Ed Wright, como ya se indicó, y de René “Tata” Solis.

II Serie del Caribe (1950)

"Jamás he pasado un día de mi vida sin aprender algo nuevo acerca del béisbol."
Connie Mack (pelotero-director de equipos béisbol)

El equipo Almendares había ganado con muchas angustias el campeonato de la liga profesional cubana de 1949-50. La maquinaria azul tuvo muchos altibajos a lo largo de la temporada. Varios jugadores estadounidenses no rindieron lo esperado, entre ellos el inicialista Chuck Connors, los infielders Ralph Caballero y Gene Handley, el jardinero Bill Antonello y el lanzador Bill McGrabb. Tampoco algunos de los criollos estuvieron a la altura deseada, como fue el caso de Roberto Ortiz. Esa situación obligó al director Fermín Guerra a realizar cambios urgentes, entre ellos llevar al receptor Andrés Fleitas a defender la inicial, a Yiqui DeSouza a la segunda base y a Rafael Villa Cabrera como jardinero.

El cambio funcionó a las mil maravillas, Villa Cabrera disparó 5 jonrones y 3 dobles en los últimos enfrentamientos del Almendares, todos ellos conectados a la hora buena para decidir varios partidos. Fleitas bateó lo suyo e igualmente contribuyó a la causa, no menos realizó DeSouza en su desempeño alrededor de la segunda base. Fue una acometida que le resultó el banderín para el Almendares, el que sacó ventaja final de 2 juegos sobre el Cienfuegos. Así y todo, los Alacranes se despidieron de esta temporada con un cero hit cero carreras que les propinó el matancero Rogelio “Limonar” Martínez del Marianao, el 6 de febrero de 1950.

Para la II Serie del Caribe, a efectuarse en el parque Sixto Escobar de San Juan de Puerto Rico, en las fechas del 21 al 26 de febrero de 1950, los Alacranes hicieron sus ajustes al mandar a Ralph Caballero, Bill Antonello y Chuck Connors para sus casas respectivas. Esta vez el equipo campeón no contaría con los servicios del zurdo Agapito Mayor, líder de los lanzadores en la justa anterior de 1949. Así las cosas, el Almendares se presentó con la siguiente nómina:

Director y receptor: Fermín Guerra
Cuadro: Andrés Fleitas (1B, también podía fungir como receptor), Gene Handley y Yiqui Desouza (2B), Héctor Rodríguez (3B), Eddie Pellagrini (SS), Willie Miranda, Avelino Cañizares.
Jardineros: Al Gionfrido, Rafael Villa Cabrera, Roberto Ortiz, Santos "Canguro" Amaro, René Monteagudo, Francisco "Cisco" Campos y Tony Castaño.
Lanzadores: Conrado Marrero, Bob Hooper, Karl Drews, Octavio Rubert, Rene "Tata" Solís, Bill McGrabb, Chris Van Cuyk y Vicente López.

El equipo cubano iba nuevamente como favorito conjuntamente con el combinado boricua, esta vez representado por los Criollos de Caguas:

Director: Luis Rodríguez Olmo
Receptores: Luis St Clair y Luis Villodas
Cuadro: Víctor Pellot Power (1B), J. Markland (2B), Lloyd Hughes (3B), Stan Bread (SS).
Jardineros: Luis Rodríguez Olmo, Juan Esteban "Tételo" Vargas, Willard Brown, R. Wilson.
Lanzadores: Luis "Tite" Arroyo, Dan Bankhead, Cecil Kaiser, Rubén Gómez, Roberto Vargas, Wilmer Fields (también jardinero), V. Alomar.

La novedad en este equipo fue la inclusión de dos dominicanos, el receptor Luis St Clair, más conocido en su país como "Güigüí Lucas", y el conocido "Tételo" Vargas que alinearía como jardinero central y cuarto al bate, además de contar con el lanzador Dan Bankhead de los Dodgers, hermano menor del estelar torpedero Sam Bankhead de las Ligas Negro.

Venezuela estuvo representada por los Navegantes de Magallanes dirigidos por Vidal López, cuya nómina fue la siguiente:

Receptores: Johnny Ritchey, Gilberto "Chino" Valdivia.
Cuadro: Jesús "Chucho" Ramos (1B), Pete Coscarart (2B), Luis "Camaleón" García (3B), Alfonso "Chico" Carrasquel (SS), Alfredo González, Humberto "Pipita" Leal.
Jardineros: Jim Pendleton, Félix "Tirahuequito" Machado, Howard Easterling, Lloyd Davenport, Nicolás "Zamurito" Bermesia y Vidal López.
Lanzadores: Santiago Ulrich, Melvin Himes, Terry McDuffie, Bob Griffith, Alejandro "Patón" Carrasquel, Theolic "Fireball" Smith, Ramón "Dumbo" Fernández y Domingo Barboza.

Dos cubanos integraron al equipo venezolano, el receptor "Chino" Valdivia y el lanzador derecho Santiago Ulrich.

Santiago Ulrich y Gilberto Valdivia

El equipo menos valorado fue el que trajo Panamá, el Carta Vieja, cuya composición fue a base de peloteros estadounidenses:

Director: Wayne Blackburn
Receptores: Stan Andrews y Roy Easterwood
Cuadro: Bobby Reid (1B), Forrest Jacobs (2B), Joe Tuminelli (3B), Al Leap (SS).
Jardineros: Dale Lynch, Thad Cieslack, Wayne Blackburn.
Lanzadores: Pat "Lord" Scantlebury, Chet Brewer, John Miken, Dick Burgett (también jardinero), Jean-Pierre Roy, Tony Jacobs, John Fitzgerald, Frank "Binbin" Austin y Pete (Woe) Wojciechowski.

De esos peloteros, solo Scantlebury y "Binbin" Austin eran panameños, mientras que el derecho Jean-Pierre Roy era oriundo de Montreal, Canadá.

Una cosa es el pronóstico y otra es lo que suceda en el terreno, y esta vez fallaron las previsiones completamente. Los expertos se guiaron por la fama del Almendares y del conjunto boricua, sin darle posibilidad al equipo Carta Vieja.

La primera bola de la justa fue lanzada por la alcadesa de San Juan, Sra. Felisa Rincón. El juego inaugural, el 21 de febrero de 1950, fue entre el Carta Vieja y el Magallanes, donde el lanzador cubano Santiago Ulrich limitó la ofensiva del representativo panameño a 7 inatrapables y 2 carreras, para derrotar al conocido Pat Scantlebury, el que soportó ofensiva de 11 hits de parte de los venezolanos. Saboreada la victoria, el Magallanes tuvo que conformarse con esta única, ya que en lo sucesivo fue siempre derrotado por sus rivales, todo lo contrario, a lo que le sucedió al Carta Vieja.

A segunda hora, duelo entre Dan Bankhead por los boricuas y Conrado Marrero por el Almendares. Cinco hits batearon ambos conjuntos, los azules cometieron un error sin consecuencias, ya que la carrera decisiva entró en la segunda entrada cuando Willard Brown y Luis Rodríguez Olmo conectaron sencillos consecutivamente, luego Brown llegó a tercera y anotó la decisiva por fly de sacrificio del receptor Saint Clair. El juego concluyó con lechada de 1-0 a favor del Caguas.

El primer juego del miércoles 22 de febrero fue entre el Magallanes y el Almendares. Nuevamente ambos conjuntos batearon 5 hits, pero el gigante Bob Hooper, lanzador principal de los Bisontes de Buffalo en la Liga Internacional, supo dominar a la hora buena, para vencer al conjunto venezolano con anotación de 2-1. El equipo cubano cometió 3 errores en este partido, y ya comenzaba a parecerse a los Indios de Mayagüez de la pasada serie del Caribe (1949). También se vio dominado por las curvas de Mel Himes, lanzador del Magallanes. En este juego, Magallanes marcó su única en el tercero por doblete de

Camaleón García, out intercalado, y batazo de Lloyd Davenport por segunda, el que no fue retenido por Gene Handley, lo que permitió la anotación de Camaleón. En la parte baja de la cuarta entrada, Roberto Ortiz recibió pelotazo, los siguientes hombres al bate fueron dominados, pero Héctor Rodríguez y Fermín Guerra conectaron incogibles para traer al camagüeyano a la goma. En la sexta entrada, Magallanes amenazó peligrosamente con hombres en segunda y tercera por doblete de Ritchey sin out, pero la defensa del Almendares no permitió anotaciones, primero Héctor fildeó batazo que no permitió movimiento de los corredores, una base intencional a Howard Easterling, y Chico Carrasquel le siguió bateando para doble play. La decisiva llegó el noveno por triple del torpedero Eddie Pellagrini, rolata de out sin consecuencias de Fleitas, base intencional a Roberto Ortiz que no llegó a cristalizar, pues el tercero lanzamiento estaba en zona y el camagüeyano produjo un batazo a las manos del jardinero derecho Pendleton, con el cual Pellagrini hizo pisa y corre, anotando fácil por el tiro desviado a home. Ambos lanzadores cubrieron toda la ruta en este juego.

En el partido final de esa jornada, el Carta Vieja comenzó a demostrar lo que valía. El lanzador canadiense Jean-Pierre Roy amarró cortico a los Criollos de Caguas, mientras que el lanzador Cecil Kayser era tempranamente explotado por la ofensiva del conjunto panameño. Roy, un conocido de la afición cubana, por haber lanzador en Cuba durante varias temporadas, diseminó bien los 8 incogibles del Caguas a la vez que contribuía con hit impulsor de dos carreras en la segunda entrada. El pitcheo del canadiense se vio respaldado por buena defensa, la que fabricó cuatro doble matanzas, no así la de los boricuas que cometieron 3 errores. Carta Vieja también conectó 8 hits.

En la siguiente fecha, el Carta Vieja se batió con el Almendares, que le sacaba ventaja de una carrera en el noveno al conjunto panameño, pero la tortilla se viró cuando la artillería del Carta Vieja anotó dos carreras decisivas para derrotar al equipo cubano. Eladio Secades catalogó a este juego como carnaval de uniformes, bases por bolas y errores. Después de esta derrota, Almendares lucía al garete y falta de inspiración. Los vencedores no es que hayan lucido bien, sus pitchers concedieron la barbaridad de 12 bases por bolas, 5 de ellas en la séptima entrada, que proporcionó rally de 5 y remontada del Almendares y ventaja momentánea de 7-5 en el marcador. Carta Vieja con sus lanzadores wild y Almendares con una defensiva para llorar, cometieron 4 errores, además de uno costoso de Fleitas que trajo las del empate a 7 en la parte baja de la séptima. Almendares abrió con el lanzador Karl Drews, el cual no traía nada en la bola, y en el quinto Joe Tuminelli le disparó jonrón de tres carreras. Drews fue relevado por Bill McGrabb y cedió el montículo al veterano Marrero, un hombre que había trabajado 48 horas antes, el que con su coraje de siempre se mantuvo hasta el final del partido aguantando estoicamente la ofensiva adversaria y la derrota de este juego. El Carta Vieja abrió con John Fitzgerald, el cual fue mantenido hasta el fatídico lucky seven, todo el tiempo lanzando una pelota mediocre. En la novena entrada, Almendares anotó la del desempate por base a Gionfrido, robo de segunda, Villa tocó para sacrificarse, pero logró el infield hit y Handley conectó fly de sacrificio. La entrada terminó con ponche a Avelino Cañizares de emergente por el relevista Vicente López. El Guajiro de Laberinto se hizo cargo del montículo con 48 horas de descanso, ¿Qué necesidad? Tata Solís, Octavio Rubert y Chris Van Cuyk estaban listos para entrar en acción. Los errores se pagan caro y Fermín Guerra los pagó, a Conrado Marrero le sonaron 4 cañonazos consecutivos para anotar las dos que dejaron a los alacranes al campo.

Marcador final 9-8, ganó el relevista Chet Brewer y Marrero cargó con la derrota. El Carta Vieja bateó 11 hits por 8 del Almendares, y defendió mejor, 2 errores contra 4 de los azules. El segundo partido fue un nuevo duelo de lanzadores entre el entonces novato Luis "Tite" Arroyo por el Caguas y el veterano Terry McDuffie por el Magallanes. Los venezolanos batearon 4 hits por 6 de los boricuas, mientras que a la defensiva cometían 3 errores y el Caguas solo 1. En la octava entrada, Luis "Camaleón" García disparó jonrón por el Magallanes, que puso a su equipo delante en el marcador. La decisión llegó cuando el siempre oportuno Wilmer Fields, en conteo de 2 strikes y una bola, disparó jonrón con uno a bordo para dejar tendido al Magallanes en el terreno.

La segunda vuelta comenzó el 24 de febrero, día de fiesta en Cuba, como ya se dijo en un artículo anterior, pero los de Cuba no pudieron festejar victoria. Wilmer Fields, ahora como lanzador, se encargó de dominar la ofensiva cubana, a la que limitó a 5 inatrapables y 1 carrera, mientras sus compañeros le daban ventaja de 6 carreras producidos por 12 hits. La única del Almendares por jonrón de Héctor Rodríguez. A la defensiva, los Alacranes cometieron 4 errores, ni porque Yiki DeSouza entró a defender la segunda almohadilla, alejado del juego por lesión. El Caguas no cometió marfilada. En el primer turno de esa jornada, Carta Vieja continuó su racha ganadora al vencer 4-2 al Magallanes. Peter Woije permitió 7 hits y 2 carreras a los venezolanos, mientras que Alejandro Carrasquel explotaba en la segunda entrada y era relevado por Theolic Smith, al que le siguieron Santiago Ulrich y Bob Griffith en el montículo. Los venezolanos cometieron dos errores por uno el Carta Vieja. Ese día el gran Orestes Miñoso firmaba un nuevo contrato con los Indios de Cleveland.

El Almendares tuvo un respiro al lograr victoria a primera hora sobre el Magallanes en la jornada del 25 de febrero. Vicente López fue el lanzador ganador, el que permitió 8 imparables de los Navegantes productores de 5 carreras. Los Alacranes conectaron 9 y anotaron 9 también, pero cometieron 4 errores, un desempeño paupérrimo a la defensa. A segunda hora, Carta Vieja volvió a vencer al Caguas, esta vez 5-1, con pitcheo de nueve ponches, cinco bases por bolas y 6 incogibles del derecho Tony Jacobs, sin ningún parentesco con el conocido segunda base Forrest Jacobs, el que militaba en el mismo equipo. La ofensiva del Carta Vieja logró conectar 8 hits y jugó sin errores al campo.

Llegó la última jornada, Carta Vieja solo necesitaba ganar para coronarse campeón, pero antes tenía que vencer a un equipo con muchos peloteros experimentados, el que podía bien atravesarse en el camino de cualquier otro que deseara llevarse el banderín. Por supuesto, hablo del equipo representativo de mi país, el que no las tuvo en esta serie del Caribe como se había esperado. El derecho Bob Hooper fue la selección para este juego del director Fermín Guerra, y Hooper no lo defraudó al limitar a 4 hits la ofensiva del Carta Vieja y pintarlos de blanco. El Almendares le apoyó con ofensiva de 7 imparables y 8 carreras, pero cometió 3 errores, la misma cantidad de los derrotados. A segunda hora, Caguas estaba obligado a ganar para provocar un empate en el primer lugar, y lo logró en cerrado partido contra el Magallanes, el que concluyó 3-2. Ambos conjuntos conectaron 6 hits, pero el equipo venezolano cometió 3 errores.

Clasificación final

Equipo	G	P	Prom.	Dif.
Carta Vieja	4	2	.667	-
Caguas	4	2	.667	-
Almendares	3	3	.500	1
Magallanes	1	5	.167	4

Esta situación obligó a un partido extra entre los dos conjuntos empatados en el primer lugar. El Carta Vieja supo burlarse de los pronósticos e impuso su clase en el terreno, anotaron un total de 33 carreras, a la vez que disparaban 55 hits y cometían 9 errores. Su buena defensa se vio tanto en el cuadro como en los jardines, mientras que sus lanzadores supieron dominar a la hora crucial. Un rally de 6 carreras en el inicio de la tercera entrada fue decisivo en la victoria del Carta Vieja. Ese inning lo abrió Cieslak con hit sobre los envíos de Dan Bankhead, wild pitch y fly largo que le permitió al corredor llegar a la antesala, desde donde anotó con fly de sacrificio de Tuminelli, pero Bankhead perdió el control, bases consecutivas a Lynch, Easterwood y a Brewer, con las bases llenas Burgett disparó batazo de tres bases para limpiar las almohadillas, Bankhead fue enviado a las duchas, Rubén Gómez lo sustituyó, a quien Forrest Jacobs saludó con doble impulsor de otra carrera. Las angustias concluyeron cuando Cieslak, el mismo que inició el rally, cedió el tercer out. Este partido terminó 9-3, victoria de Chet Brewer y derrota para Dan Bankhead. Carta Vieja disparó 10 indiscutibles y anotó 9 carreras, al campo cometió una marfilada, mientras los Criollos bateaban 7 hits, con 3 carreras y ningún error. Ver box score de este juego a continuación:

PANAMA

	V.	C.	H.	O.	A.	E.
Burgett, cf.	5	1	3	5	1	0
F. Jacobs, 2b.	4	0	1	3	3	0
Cieslak, rf.	5	1	1	4	0	0
Reid, 1b.	5	0	1	11	0	0
Tuminelli, 3b	5	0	0	1	4	1
Lynch, lf.	4	1	1	1	0	0
Easterwood, c.	2	2	0	1	1	0
Leap, ss.	4	2	2	0	2	0
Fitzgerald, p.	1	0	0	0	0	0
Brewer, p.	0	2	0	0	2	0
T. Jacobs, p.	1	0	1	0	0	0
Totales	36	9	10	27	13	1

PUERTO RICO

	V.	C.	H.	O.	A.	E.
Markland, 2b	1	1	0	0	2	0
Breard, ss.	4	0	0	1	1	0
Wilson, 3b	5	0	3	0	0	0
Brown, cf.	4	0	1	3	0	0
Olmo, lf	4	0	1	1	0	0
Fields, rf.	3	0	0	2	0	0
Pellot, 1b	1	0	1	3	0	0
Gómez, p	3	0	0	1	2	0
Bankhead p	4	0	0	7	0	0
St. Clair, c	3	2	1	9	1	1
Totales	32	3	7	27	6	1

Panamá	000	020	100	9	10	1
Puerto Rico	002	000	100	3	7	1

Sumario:

Empujadas: Breard, Brown 2, Burgett 4, F. Jacobs 3, Tuminelli, Leap. Dobles: Burgett. Triples: Burgett, Pellot. Sacrifices: F. Jacobs, Brewer, Bread. Double plays: Andrews a Leap. Bases por bolas: Bankhead 4, Gómez 1, Fitzgerald 3, Brever 3, Jacobs 1. Strikeouts: Bankhead 5, Gomez 2. Hits: a Fitzgerald 3 en 2 innings, a Bankhead 4 en 3 y dos tercios innings, a Brewer 2 en 4. Wild pitches: Bankhead, Brewer. Ganó: Brewer. Perdió: Bankhead. Umpires: Tatler, Chief y Holmes. Concurrencia: 14.263. Tiempo: 2:30.

La ofensiva de los panameños se vio liderada por el bateo del antesalista Joe Tuminelli, el que disparó 2 jonrones e impulsó 6 carreras, líder en ambos departamentos y fue premiado con el MVP del torneo. Los otros jonroneros del torneo fueron Roberto Ortiz, Wilmer Fields, Luis "Camaleón" García, Héctor Rodríguez, J. Markland y Fermín Guerra, todos con 1 cuadrangular.

Almendares fue un equipo defensivamente inferior al resto de los conjuntos, acumuló 18 errores para pobre promedio de .926, mientras que al bate fue igualmente de pésimo, con promedio de .204, cuarto en ese renglón en el torneo. Héctor Rodríguez sobresalió en la ofensiva cubana al promediar .474, líder de los bateadores del torneo. Dentro del Almendares, solo Willie Miranda y René Monteagudo fueron los que se acercaron al promedio de Héctor Rodríguez, al conectar el primero 3 sencillos, incluido doble, en 7 turnos al bate (.429), mientras que René bateaba 3 sencillos en 10 veces al bate.

Líderes de bateo

VB	Dick Burgett	Carta Vieja	28
	Bob Reid	Carta Vieja	
C	Héctor Rodríguez	Almendares	6
H	Dick Burgett	Carta Vieja	11
2B	Vidal López	Magallanes	4
3B	Héctor Rodríguez	Almendares	2
HR	Joe Tuminelli	Carta Vieja	2
CI	Joe Tuminelli	Carta Vieja	7
BR	Tetelo Vargas	Caguas	2
Prom.	Héctor Rodríguez	Almendares	.740

Líderes de pitcheo

JL	Rubén Gómez	Caguas	4
JC	Bob Hooper	Almendares	2
Inn.	Bob Hooper	Almendares	18.0
K	Dan Bankhead	Caguas	16
Ganados	Bob Hooper	Almendares	2
	Luis Arroyo	Caguas	
	Chet Brewer	Carta Vieja	
G/P%	Bob Hooper	Almendares	1000
	Luis Arroyo	Caguas	
	Chet Brewer	Carta Vieja	

El jardinero Al Gionfrido, líder de los bateadores de la I Serie del Caribe, se fue en blanco en 16 veces al bate. Los lanzadores Conrado Marrero (2) y Octavio Rubert (1) cargaron con las 3 derrotas de su equipo, mientras que Bob Hooper, con sus dos victorias y una carrera permitida, se llevó el título de pitcheo de esta serie.

III Serie del Caribe (1951)

"*Ganar no lo es todo, querer ganar sí lo es*."
Vince Lombardi (1913-70, entrenador de fútbol americano)

La temporada de 1950-51 de la liga profesional cubana fue una de las más enconadas que se haya escenificado en el estadio del Cerro. Dos equipos muy parejos, con figuras reconocidas y de experiencia, Almendares y Habana, los eternos rivales, volvieron a dar un brillante espectáculo.

Los Alacranes iban por buen camino en diciembre, pero el astuto Miguel Ángel González se dio cuenta que su equipo, los Leones, necesitaba otro serpentinero de puntería, por lo que decidió conversar con los ejecutivos del Cienfuegos para hacerse de los servicios del zurdo Adrián Zabala, quien ya tenía 34 años y no había tenido una buena temporada hasta el mes ya mencionado.

Los eternos rivales siempre se enfrentaban en el segundo juego dominical, era algo a lo que los fanáticos estaban acostumbrados. Así fue que Zabala se vio obligado a lanzar en un domingo de febrero para enfrentar a los Alacranes y a su lanzador rival Conrado Marrero. Una pena para los Leones, Zabala fue derrotado por primera, pero última vez por los Alacranes. Todos los almendaristas cantaban temprana victoria, eran como los suecos que en la final de la copa de fútbol en Suecia (1958), cantaron victoria con el primer gol anotado por el equipo escandinavo ante el brasileño, pero el juego posteriormente resultó en otra cosa. Lo mismo sucedió aquí, al siguiente domingo, otro duelo Zabala-Marrero y los Leones comenzaron a reír.

No hay problema, los azules tenían dos juegos pendientes con el maltrecho Cienfuegos, ocupante del sótano, con ganar bastaba para hacerse del título y por tercera vez consecutiva ir a la Serie del Caribe, pero los Elefantes pensaron otra cosa, el lunes fue Paul Epperly y el martes Luis Alomá, dos pellizquitos que dolieron muchísimo dentro de la afición almendarista. Las derrotas no se aceptan fácilmente por esa afición, y así comenzaron a afirmar que el Cienfuegos está vendido, que es una sucursal del Habana, equipo que le había ganado 20 veces en el curso de la temporada. Marianao cayó ante el Habana, y el jueves otro encuentro Almendares-Habana, nuevamente Zabala, Habana se montó en el sitial de honor.

Ahora era el Habana el que cantaba victoria, su siguiente juego sería contra los Elefantes, por lo que Miguel Ángel designó al derecho Habenicht, quien había ganado seis juegos en la temporada, todos a expensas del Cienfuegos. La vida te da sorpresa, la tropa de los verdes le cayó con todo al oriundo de St Louis, Missouri, lo explotaron sencillamente. Vino Jiquí Moreno al rescate, igualmente apabullado esta vez.

El Habana arriba, pero aún no campeón. Llegaron los juegos finales de la temporada, Marianao venció al Habana con pitcheo de Charles Barrett, mientras que Cienfuegos era aventajado por los Alacranes gracias a excelente relevo del trinitario Octavio Rubert. Empate en la cima y juego extra para decidir.

Como la fanaticada había hablado que se habían vendido juegos, que el Cienfuegos se subordinaba al Habana, en fin, toda clase de invenciones. La Liga Cubana decidió que todo el dinero que se recaudara del juego extra se le entregaría a la Casa de Beneficencia. Los fanáticos, al parecer, ignoraban que cada pelotero del equipo campeón obtenía mil pesos como premio al llevarse el campeonato, así que lo de las ventas de juegos era una suposición infundada.

Llegó el juego extra, vino Zabala de nuevo y el Almendares fue dominado debidamente, a la vez que la Araña Jorgensen en segunda y Bert Haas en tercera brillaban a la defensiva, mientras Formental se encargaba de disparar jonrón importante para la causa de su equipo. Zabala fue todo un alacranicida, le ganó cinco juegos en esa temporada.

Es importante señalar que la Unión Radio Canal 4 trasmitió el primer partido de béisbol televisado el 24 de octubre de 1950, o sea al inicio de la temporada de 1950-51.

]

Adrián Zabala

Dicho esto, a la Serie del Caribe 1951, que se disputaría en el parque Cerveza Caracas de Venezuela, en los días del 22 al 26 de febrero de 1951, iría el equipo Habana por primera vez en representación de Cuba. La nómina del equipo aparece a continuación, donde el inicialista Steve Bilko fue sustituido por Lorenzo “Chiquitín” Cabrera del Marianao:

Director: Miguel Angel González.
Receptores: Del Wilber, Gilberto "Chino" Valdivia, Isaac Seoane.
Cuadro: Lorenzo “Chiquitín” Cabrera (1B), Johnny “Spider” Jorgensen (2B), Bert Haas (3B), Gilberto Torres (SS), Orlando Varona, Manuel "Chino" Hidalgo.
Jardineros: Alejandro Crespo, Pedro Formental, Tony Zardón, Eddie Mierkowicz, Edmundo Amorós, Femando Díaz “Bicho” Pedroso.
Lanzadores: Hoyt Wilhelm, Adrián Zabala, Bill Ayers, Bill Habenitch, John Yuhas, Carlos “Patato” Pascual, Julio “Jiquí” Moreno, Moaín García, Arturo Seijas, Tony Lorenzo. La mascota de este equipo fue el futuro estelar Pedro Ramos.

Hay un detalle que demuestra la fuerza de la pelota cubana de aquellos tiempos. Al Habana no le interesó reforzarse con un bate como el de Silvio García, campeón de bateo por segunda vez en la profesional cubana y que compartió el MVP con su ex compañero de equipo, Adrián Zabala. El refuerzo fue en la posición de mayor interés, la inicial. Tampoco le interesó llevar a un lanzador estrella como Conrado Marrero. El Habana se creía con fuerza para llevarse el triunfo en la serie del Caribe, aparte que cada refuerzo significaba un gasto extraordinario para el equipo.

Los Cangrejeros de Santurce, a última hora, se llevaron el banderín en la profesional de Puerto Rico. Aquí la campaña de 1950-51 se decidió por juego extra entre los Cangrejeros y los Criollos de Cagua, en el que el receptor dominicano José Luis St Clair o Pepe Lucas disparó jonrón que le dio la victoria a los

Cangrejeros, cuadrangular siempre recordado como el Pepelucazo.

Para las acciones en la Serie del Caribe, los Cangrejeros se reforzaron al máximo. Así escogieron a los estadounidenses, el inicialista George Crowe, el lanzador derecho Mike Clark, el infielder canadiense Stan Breard; los boricuas, el jardinero estrella Luis Rodríguez Olmos, el lanzador zurdo Roberto Vargas, mientras que de los Leones de Ponce tomaron al lanzador, también boricua, el derecho José "Pantalones" Santiago. A todo ese conjunto de refuerzos, hay que señalar la presencia de otros grandes jugadores del equipo como fueron Jim "Junior" Gilliam, hombre que brillara como utility de los Dodgers de Brooklyn y los Ángeles; el jardinero Bob Thurman, estrella de los Grises de Homestead en las Ligas Negro y que debutara con el Cincinnati en 1955, con 38 años cumplidos. Así la nómina de los Cangrejeros de Santurce fue la siguiente:

Director: George Scale.
Receptores: Luis St Clair (Guigui Lucas).
Cuadro: George Crowe (1B) Junior Gilliam (2B), Buster Clarkson (3B), Stan Breard (SS), Rafael Ramos
Jardineros: Williard Brown, Luis Rodríguez Alonso, Bob Thurman, Alfonso Gerard.
Lanzadores: José "Pantalones" Santiago, Rubén Gómez (OF), Mike Clark, Roberto Vargas, Raúl Cabrera, William Powell, Domingo Sevilla.

Los otros equipos participantes y sus nóminas fueron:

Navegantes de Magallanes de Venezuela
Director: Lázaro Salazar.
Receptores: Ken Staples, Guadalberto Acosta.

Cuadro: René González (1B), Jimmy Dycks (2B), Luis "Camaleón" García (3B), Jim Pendlenton (SS), Jesús "Cheo" Ramos, Adolfredo González, Pipa Leal.
Jardineros: Johnny Davis, Eddie Knoblauch, Joe Monteiro, Vidal López, Jesús "Gato" Álvarez.
Lanzadores: Clem Labine, José "Carrao" Bracho, Mike Lemish, Frank Biscan, Alejandro "Patón" Carrasquel, Nicolas "Zamurito" Bermesia, Raúl Galata.

Como se nota, el conjunto venezolano era integrado por el inicialista cubano René González, mientras la dirección del conjunto recaía en el habanero Lázaro Salazar.

Spur Cola de Panamá
Director: Leon Kellman.
Receptores: Leon Kellman, Nathaniel Pepples.
Cuadro: Archie Ware (1B), Harold Gordon, Forrest Jacobs (2B), Jesse Douglas y Nugent Joseph (3B), Al Leap (SS) y el novato Héctor López.
Jardineros: Archie Brathwaite, Humberto Arthurs, Granville Gladstone, Victor Barnett, Oscar Hall.
Lanzadores: Patricio "Lord" Scantlebury, Connie Johnson, Vibert Clark, Rolando Morris, Astor Cupidan, Gentry Jessup, Thomas Lakos.

El primer juego de esa serie fue entre los dos favoritos, Leones y Cangrejeros. Los abridores fueron José "Pantalones" Santiago por los de Puerto Rico y el nudillista Hoyt Wilhelm por el Habana, equipo que inició agresivo el partido. En la primera entrada hubo base a Gilberto Torres, línea endemoniada de Chiquitín Cabrera, wild pitch, Lucas perdió la bola completamente, base a Formental, Jorgensen forzó en la intermedia con lo que el Jibarito entró con la única del Habana, no hubo más, Pantalones se puso los pantalones a partir de ahí y no hubo más libertades. A Wilhelm le batearon desde el segundo inning, hits de Crowe y Olmo, pero sin anotación; en el tercero llegó el empate, hit de Breard y doblete de Thurman, vinieron dos bases y no más anotaciones, la bola de nudillo a Wilhelm ese día no le rompía como él quería. En el sexto, con Breard en circulación, Thurman conectó línea que salió rauda de jonrón por el mismo jardín central, entraron dos. En el séptimo, Wilhelm estaba de más en el montículo, base a Clarkson, hit de Willard Brown, otros dos más, uno de ellos de St Clair, y Miguel Ángel no aguantó más para sacar del montículo a su mejor carta de pitcheo. El ataque boricua no creyó en los lanzamientos de los relevistas Julio "Jiquí" Moreno ni del zurdo Tony Lorenzo, este último castigado con 6 hits en 0.2 inn. lanzados. Carlos "Patato" Pascual, el hermano de Camilo, cerró por el Habana, con muchos deseos que terminara este desafío. Era un KO de 9 innings en toda su extensión, 13-1. El Habana bateó 9 imparables, pero ligó una sola carrera y cometió un error, los vencedores dispararon 18 hits y sin error. A segunda hora, el futuro relevista de los Dodgers, Clem Labine abría por los Navegantes, quienes vencieron fácil 10-2 al Spur Cola. En este partido, el cubano René González disparó jonrón con la casa llena por los vencedores, el batazo se fue por encima de las gradas del jardín derecho.

José "Pantalones" Santiago y Luis Rodríguez Olmo

Al siguiente día, el Habana chocaría con el conjunto panameño, el que abrió con Connie Johnson, mientras los Leones pusieron al derecho John Yuhas. En este desafío no hubo ninguna novedad, excepto que el conjunto panameño anotó 3 carreras en el mismo primer inning. En la cuarta entrada, Yuhas caminó al lanzador Connie Johnson y a Forrest Jacobs, vino línea de Ware, y Miguel Ángel se decidió por llamar al derecho Habenicht, rebelión sofocada, pero en el quinto, Al Leap recibió base y Jesse Douglas conectó machucón de hit. Con hombres en primera y tercera, Panamá le hizo la gracia del doble robo demorado, Valdivia tiró perfecto a Jorgensen, pero no la devolución a home fue demorada y desviada. A Habenicht lo bombardearon y el Patato vino de bombero, con los mismos deseos que se acabara el juego. El triunfo de 12-2, con 16 hits de los bateadores del conjunto panameño, fue victoria para Connie Johnson, quien cubrió toda la ruta. El Habana cometió 4 errores por uno de los vencedores.

El equipo Habana había permitido 25 carreras en dos juegos, casi nada, por lo que el reglano Miguel Ángel González llamó a toda su tropa y le pidió entrega en el terreno, que se dejaran de hacer el ridículo, pues había equipo para ganar. Parece que el sermón de algo valió, supongo que lo haya hecho en español e inglés para que no quedara duda de lo que estaba diciendo. A partir de aquí fue otro equipo, ganador ante cualquier adversario.

Los Cangrejeros siguieron con su paso ganador. Derrotaron milagrosamente a los Navegantes 8-7. Los de Santurce solo batearon 5 hits, pero anotaron 8 veces por 7 sus rivales, los que conectaron 11 imparables, entre ellos el segundo jonrón de René González con 2 hombres a bordo en la parte baja de la cuarta entrada, mientras Crowett de los Cangrejeros despachó otro con la casa llena en el inicio de la quinta entrada cuando los boricuas fabricaron rally de 5 anotaciones. Roberto Vargas ganó este desafío, mientras Rubén Gómez lo salvaba. Frank Biscan cargó con la derrota.

Al siguiente día los boricuas volvieron a ganar por la mínima, 4-3 contra el Spur Cola. Rubén "Divino Loco" Gómez relevó al abridor Bill Powell en la cuarta entrada y dominó al conjunto panameño. Bob Thurman jonroneó en el mismo primer inning con un hombre en circulación. Los equipos llegaron abrazados hasta la novena entrada cuando por los Cangrejeros Olmo abrió con doble, out intercalado del receptor y cañonazo del mismo Rubén Gómez al central para dejar a los panameños al campo. El derrotado fue el zurdo panameño Pat Scantlebury, quien cubrió toda la ruta por el Spur Cola.

El Habana saboreó su primera victoria, Bill Ayers, un maestro de la bola de tenedor cubrió toda la ruta, permitió 9 imparables, 1 carrera a los Navegantes de Magallanes. Ayers se vio ayudado por un fildeo de película del antesalista Bert Haas, que engarzó línea peligrosísima del torpedero Jim Pendleton con hombres en base. Formental disparó jonrón e impulsó 5 carreras, y Chiquitín continuó su racha ofensiva en este torneo al batear de 5-4 incluido par de dobles. Camaleón García jonroneó por los perdedores.

Vino la segunda vuelta, el Habana era otro equipo y para ganarle a los leones había que jugar fuerte. Los primeros en saberlo fueron los mismos Cangrejeros, cuando el oriundo de San Antonio de los Baños, Adrián Zabala, todo un grandeliga, amarró a la peligrosa tanda de los boricuas durante 8 entradas, mientras los cubanos anotaban 4 carreras en el mismo primer inning sobre los envíos del abridor Mike Clark, el cual fue relevado temprano por Roberto Vargas y luego por Domingo Sevilla, mientras que Zabala esparcía los 10 inatrapables que le conectaron. En el noveno, los Cangrejeros anotaron tres, pero se quedaron cortos por una y perdieron su único desafío en esta serie. En el segundo turno, los Navegantes volvieron nuevamente a castigar al Spur Cola con victoria de 13-2, juego ganado por el derecho José Bracho, que dejó en cinco hits a la ofensiva panameña. Los vencedores conectaron 14 hits a la vez que cometían 3 errores.

El Spur Cola creyó que Connie Johnson le volvería a ganar a los cubanos, la opción era buena realmente, ya que el Habana esta vez le derrotó con anotación de 2-1 y excelente pitcheo de Wilhelm, el que solo permitió 4 sencillos por 7 de la tropa cubana. Los Leones cometieron 2 errores por ninguno de los perdedores. La primera anotación del Habana llegó por hit del mismo Wilhelm en la segunda entrada, mientras que Jorgensen con jonrón empujaba la decisiva en el quinto. En el quinto partido de los boricuas, los Cangrejeros se impusieron a los Navegantes 6-4 y bateo de nueve imparables. "Pantalones" Santiago volvió a sacar la cara por su equipo, y solo tuvo un pésimo tercer inning cuando los Navegantes le anotaron sus 4 carreras.

Llegaba la jornada final de la serie, siempre se pensó en la posibilidad de una derrota de los Cangrejeros en el penúltimo partido de la Serie, lo que hubiera obligado a un juego extra entre ellos y los Leones del Habana, pero no hubo milagros, nuevamente Rubén Gómez se hizo cargo del montículo para dominar fácilmente al Spur Cola con anotación final de 12-1. La ofensiva de los boricuas fue monstruosa, de los 8 hits conectados, 4 fueron jonrones, record para un desafío en estas series, dos de Luis Rodríguez Olmo, quien empujó 5 carreras, además de uno per cápita a la cuenta de Willard Brown y Buster Clarkson. Para cerrar el torneo, los Leones vencieron a los Navegantes con anotación de 7-5, donde los de Cuba batearon 9 hits por 6 de los de Venezuela. Ofensivamente se destacaron Chiquitín Cabrera, Amorós y Bert Haas, con dos hits cada uno. Amorós impulsó 4 anotaciones con sus incogibles. La victoria correspondió a Adrián Zabala., su segunda en el torneo, quien necesitó del relevo de Bill Ayers en la octava entrada cuando le anotaron 4 carreras. Carrao Bracho fue el perdedor de este juego.

Clasificación final

Equipo	G	P	Prom.	Dif.
Cangrejeros de Santurce	5	1	.833	-
Leones del Habana	4	2	.667	1
Navegantes del Magallanes	2	4	.333	3
Spur Cola	1	5	.167	5

El puertorriqueño Luis Rodríguez Olmo promedió .417 al bate, producto de 8 hits incluido 3 jonrones (líder), lo que le valió el MVP del torneo. Igualmente se destacó a la defensiva al realizar 13 outs, una asistencia, sin errores.

Los Cangrejeros exhibieron una verdadera tanda de terror ofensivo, George Crowe promedió .333, con 7 empujadas; el torpedero Stan Breard bateó .423, anotó 7 y empujó 8; Bob Thurman, un verdadero látigo al bate, .364, slugging de .727, 6 anotadas y otras tantas empujadas. A esa tanda hay que añadir el miembro del Salón de la Fama, Willard Brown, quien se desempeñó en los jardines, y el bateo oportuno de Jim "Junior" Gilliam. Los lanzadores José "Pantalones" Santiago y Rubén Gómez lograron dos victorias cada uno.

Los más destacados por los cubanos fueron Zabala, quien ganó 2 juegos, el bateo de Pedro Formental (.316 y slugging de .632) y el de Lorenzo "Chiquitín" Cabrera, campeón de bateo en el torneo, con promedio de .619, record hasta nuestros días en series del Caribe.

Líderes a la ofensiva

C	Stan Breard	Santurce	7
H	Lorenzo Cabrera	Habana	13
2B	Stan Breard	Santurce	4
3B	Edmundo Amorós	Habana	1
	Jim Gilliam	Santurce	1
	Bob Thurman	Santurce	1
HR	Luis Rodríguez Olmo	Santurce	3
CI	René González	Magallanes	11
BR	Charles Douglas	Spur Cola	3
BB	Johnny Davis	Magallanes	10
SO	Luis García	Magallanes	6
Prom.	Lorenzo Cabrera	Habana	.619

Por Venezuela, el cubano René González, que acaparó el liderato de empujadas, y los lanzadores Clem Labine y José Bracho, que lograron las únicas victorias de este equipo. Por el Spur Cola, el más destacado fue el inicialista Archie Ware (.348 de promedio ofensivo).

Líderes de pitcheo

JL	Frank Biscan	Magallanes	4
JC	José Santiago	Santurce	2
Perdidos	Vibert Clark	Spur Cola	2
Ganados	Adrián Zabala	Habana	2
	José Santiago	Santurce	
	Rubén Gómez	Santurce	
Inn.	José Santiago	Santurce	18
K	Hoyt Wilhelm	Habana	10
BB	José Santiago	Santurce	15
G/P%	Adrián Zabala	Habana	1000 (2-0)
	José Santiago	Santurce	
	Rubén Gómez	Santurce	

IV Serie del Caribe (1952)

"No importa lo despacio que vayas, siempre y cuando no te detengas."
Confucio (551-479 a.C. pensador chino

Leones del Habana, equipo campeón Serie del Caribe 1952

La temporada 1951-52 del béisbol profesional cubano fue nuevamente muy disputada. Los flamantes campeones de la temporada anterior, los leones del Habana, con muchas dificultades llegaron en punta en los últimos juegos del torneo, con fuerte oposición de los Elefantes del Cienfuegos.

El Habana traía en su novena a Bert Haas, que jugara en 1950-51 la segunda base, como inicialista y bateador desbordado a la ofensiva, la que se vio respaldada por el desempeño de la Araña Jorgensen (jugó la segunda base) y el joven jardinero matancero Edmundo Amorós. El pitcheo dependió de lo mucho que aportaron Bill Ayers, con una docena de victorias, seguido del zurdo Adrián Zabala (9-6) y Julio "Jiquí" Moreno (7-4). El nudillista Hoyt Wilhelm aportó poco realmente a la causa habanista.

Los Elefantes, dirigidos por Billy Herman, trajeron a un lanzador en desarrollo ascendente, el afro-estadounidense Joe Black, quien ganó 15 desafíos, secundado por Pat McGlothin (10-7) y John Rutherford (7-6). Si Luis "Witto" Alomá se le hubiera dejado lanzar, los Elefantes habrían podido disfrutar de la victoria, pero Frank Lane, director general de los Medias Blancas, prohibió que Alomá lanzara en la justa invernal, además de limitar el juego de Orestes Miñoso en el Marianao hasta el 31 de diciembre de 1951. Lane personalmente viajó a la Habana a finales de diciembre para asegurarse que sus prohibiciones habían sido cumplidas.

En el final del este torneo los papeles se invirtieron con respecto a lo acontecido en la campaña de 1950-51. Entonces los almendaristas decían que el Cienfuegos, ocupante del sótano, era un equipo vendido al Habana. Las cosas eran ahora distintas, el Almendares estaba hundido en el sótano, del cual no saldría durante toda la justa, y le tocaba jugar con el Cienfuegos, que de ganar podría empatar y aguarle la fiesto al Habana.

Aunque no lo crean, los fanáticos almendaristas abogaban por la derrota de su equipo para así no facilitarles la vida a los Leones. El Habana se había encaramado en el sitial de honor desde el 13 de noviembre de 1951, con derrumbe completo de los Alacranes, Tigres de Marianao y hasta parcialmente de los Elefantes. El Habana iba rumbo a la victoria y sin adversarios a la vista, pero las cosas cambiaron, el Cienfuegos levantó su juego enormemente, con ofensiva encabezada por el receptor Rafael Noble, secundado por el camarero Jack Cassini y por el infielder Don Zimmer, el galleguito, que vino a cubrir la posición de torpedero a última hora reemplazando a Gene Mauch. Ya en ese entonces, Silvio García cubría la tercera, hombre que bateó horrores y se destacó a la defensa en los juegos finales del campeonato. El desempeño de este equipo fue liderado por el buen pitcheo ya mencionado.

El sábado 9 de febrero de 1952, el Habana enfrentaba a los otros felinos, los del Marianao, dirigidos por el hiperexperimentado Adolfo Luque, quien mandó al novato Silverio Pérez a la lomita. Los fanáticos almendaristas pusieron el grito en el cielo, de nuevo gritaban que Luque era un vendido, ¿cómo se le ocurre poner a un novato a lanzar? ¿Por qué no abrió con su estelar Charles Barrett? Me imagino la discusión en las gradas, donde abundan los "sabios" de este deporte. Pérez duró lo que un merengue a las puertas de una escuela, Luque trajo entonces a Arturo Seijas para apagar la rebelión de los Leones, que habían fabricado seis carreras. Miguel Ángel había abierto con Jackie Collum, prospecto de los Cardenales de St Louis, que había tenido una discreta temporada en Cuba, al que poco después los Tigres apalearan. Vino el estelar Zabala, pero no era su día tampoco. Al final, el Marianao se llevó la victoria y el Habana amaneció el domingo con medio juego de ventaja sobre el Cienfuegos, equipo al que enfrentarían en el segundo juego de la jornada dominical.

En ese desafío, el Habana arrancó con ventaja al borrar la primera carrera de los Elefantes, anotada por Jack Cassini en robo atrevido de home. Los batazos habanistas encontraron una barrera en los guantes de Silvio y de Zimmer. Pablo García empató el desafío con jonrón en el *lucky seven*, y Herman no dudó en traer a Joe Black para que realizase relevo y consiguiera finalmente su décimo quinta victoria del campeonato. Ahora estaban abajo los Leones por medio juego, quedando una semana de juego en la temporada. Para colmo, el Habana perdió a Haas y al jardinero Jay Van Noy por lesiones, y no pudo incorporar al siempre útil Lou Klein por prohibición de la Liga.

El lunes 11 de febrero, la cita era de azules contra verdes. Como ya se dijo, era probablemente la primera vez que los fanáticos de los azules querían la derrota de su equipo, deseos incumplidos cuando el jardinero Frank Carsdwell se encargó de disparar jonrón con las bases llenas, que a la postre decidió el desafío a favor de los Alacranes. El Habana, en el curso de la siguiente semana, última del campeonato no perdió encuentro, mientras continuaba abrazado con el Cienfuegos, equipo que perdió su oportunidad al ser vencido dos veces, la última, el 17 de febrero, a manos del mismo Almendares de Fermín Guerra, quién a pesar de quedar en el sótano, había logrado ganarle 13 juegos a los Elefantes.

Miguel Ángel González en una caricatura de la época

Así el Habana volvía a representar a Cuba en la Serie del Caribe de 1952, la que se efectuó del 20 al 26 de febrero en la Ciudad de Panamá. El conjunto de los Leones se vio en la necesidad de realizar algunos ajustes, ya que el receptor regular Ray Katt y el lanzador Hoyt Wilhelm fueron reclamados por los Gigantes de Nueva York y sin opciones de participar en este torneo. Miguel Ángel, siempre sabio y observador, decidió traer al experimentado Andrés Fleitas para ponerse los arreos, mientras que reforzó el pitcheo con el lanzador derecho Thomas Fine, que había jugado la temporada para el Marianao, y con un resultado nada impresionante (5-11 y PCL 3.23), ¿sobre qué base Miguel Ángel lo incluyó? La nómina completa del conjunto fue la siguiente:

Director: Miguel Ángel González
Receptores: Andrés Fleitas, Gilberto “Chino” Valdivia e Isaac Seoane.
Cuadro: Bert Haas 1B, John Jorgensen 2B, Vern Benson 3B, Lou Klein SS, Manuel “Chino” Hidalgo, René González, Gilberto Torres y Orlando Varona.
Jardineros: Pedro Formental, Edmundo Amorós, Alejandro Crespo, Fernando Díaz “Bicho” Pedroso, Oscar Sardiñas, Jay Van Noy.
Lanzadores: Thomas Fine, Bill Ayers, Jackie Collum, Adrián Zabala, Rogelio “Limonar” Martínez, Jiquí Moreno, Bob Habernicht y Carlos "Patato" Pascual.

El otro favorito, como siempre, fue el equipo de Puerto Rico, esta vez representado por el conjunto de los Senadores de San Juan, igualmente reforzado y con figuras de experiencia en estos torneos.

Director: Freddie Thon
Receptores: Luis St Clair y Pedro Casanova.
Cuadro: Víctor Pellot Power (1B), Al Dittmar (2B), Buster Clarkson (3B), Jaime Almendro (SS), R. Kearns, J. Cortés.
Jardineros: Luis "Canena" Márquez, Luis Rodríguez Olmo, Saturnino Escalera, S. Pizarro, Ellis "Cot" Deal (P).
Lanzadores: José "Pantalones" Santiago, Roberto Vargas, Charles Gorin, Charles "Colorado" Adams, Guayubín Olivo, Lani Velásquez, Luis "Tite" Arroyo.

Venezuela fue representada nuevamente por Cervecería Caracas:

Director: José A. Casanova
Receptores: Ferrell Anderson y Aureliano Patiño
Cuadro: Mo Mozzali 1B, Luis Oliveros 2B, Luis “Camaleón” García 3B, Alfonso “Chico” Carrasquel SS, Buddy Hicks.
Jardineros: Wilmer Fields, Héctor Bénitez, Piper Davis, Guillermo Vento, Dalmiro Finol y Miguel Sanabria.
Lanzadores: Al Papai, Emilio Cueche, José “Carrao” Bracho, Johnny Hetki, Bill Samson, Bob Griffith, Luis "Mono" Zuloaga.

El equipo Carta Vieja fue el que asistió por Panamá:

Director: Al Kubski
Receptores: Ray Dabek, Leon Kellman.
Cuadro: Eddie Neville 1B, Forrest Jacobs 2B, Joe Tuminelli 3B, Frank Austin SS
Jardineros: Jim Cronin, Johnny Kropf, Jerry Lynch, E. Pilot.
Lanzadores: Alberto Osorio, Andrés Alonso, Hisel Patrick, Dave Thomas, Marion Fricano y Al Point.

Venezuela no había ganado serie alguna, el resto de los equipos tenía una victoria archivada. Este torneo fue muy parecido al de 1949 cuando el Almendares se alzó invicto con el triunfo.

La primera bola del evento fue lanzada por el presidente de la República, Sr. Alcibiades Arosemena. Habana y Senadores chocaron en el encuentro de inauguración el 20 de febrero de 1952, en el que ambos conjuntos lucharon por la victoria hasta terminar empatados a 3 carreras. La Araña Jorgensen disparó jonrón por los Leones, mientras que el jardinero-lanzador Cot Deal lo hacía por los Senadores para empatar el desafío a 3 carreras en la séptima entrada. El Habana bateó 5 hits y cometió un error, mientras los enadores conectaban 7 y cometían 2 marfiladas. Por Puerto Rico abrió José Santiago, quien cedió paso a un emergente en la quinta entrada y fuera sustituido en el montículo por Roberto Vargas, quien no permitió libertades a los Leones. Bill Ayers lanzó todo el juego por el Habana. El partido hubo de suspenderse sobre las 8:40 de la noche cuando se llegó al décimo capítulo con el abrazo de las dos alas del mismo pájaro. Esa era la hora fijada para el término del primer juego en este parque y en esta serie. A partir de aquí, los rumbos fueron de gloria para los cubanos y de desgracia para los boricuas. Por su parte, Cervecería Caracas y Carta Vieja se fajaron en un duelo de 11 entradas, escenificado por los lanzadores Johnny Hetki (CC) y Dave Thomas (CV), el cual concluyó 2-1 a favor de la parte venezolana. La única del conjunto panameño por jonrón de Jim Cronin en la quinta entrada. Venezuela empató en el *lucky seven* y decidió en el undécimo.

El jueves 21 de febrero se escenificó un juego inesperado entre el Habana y Cervecería Caracas, realmente nadie sabía que sería un juego con disertación de pitcheo de ambas partes. Thomas

Fine, apodado "Potro Salvaje", era el encargado de dominar a los venezolanos, mientras que por el de Cervecería lo hizo el grandeliga derecho de Illinois Al Papai. El juego se mantuvo empatado a cero hasta la sexta entrada cuando el mismo Fine abrió con sencillo, el primer bate Alejandro Crespo se sacrificó, Fine llegó a tercera por rolata al cuadro de Jorgensen y Edmundo Amorós remolcó la carrera con otro sencillo al jardín izquierdo. No hubo más anotaciones, justo es reconocer que Fine contó con tres fildeos salvadores de parte de Benson en la antesala y dos de Formental en el jardín derecho. Papai permitió 4 hits de los criollos, pero Fine ninguno, primer y único cero hits en la historia de las Series del Caribe hasta el presente. El Potro Salvaje ponchó a cuatro y concedió 3 bases por bolas, y su equipo cometió 2 errores por ninguno del Cervecería. Por tratarse de un juego histórico, a continuación, los detalles del mismo:

Box score del juego del 21 de febrero 1952, Cervecería Caracas vs Leones Habana

Cervecería Caracas

	VB	C	H
Clarence Hicks 3B	2	0	0
Alfonso Carrasquel SS	3	0	0
Mo Mozzali 1B	4	0	0
Wilmer Fields RF	4	0	0
Dalmiro Finol LF	3	0	0
Héctor Bénitez CF	2	0	0
Ferrell Anderson C	3	0	0
Luis Oliveros 2B	2	0	0
Piper Davis 1B	1	0	0
Al Papai P	2	0	0
Bill Samson P	0	0	0
Luis García 2B	1	0	0
	27	0	0

Leones Habana

	VB	C	H
Alejandro Crespo LF	3	0	0
John Jorgensen 2B	4	0	0
Edmundo Amorós	3	0	2
Bert Haas 1B	2	0	1
Pedro Formental CF	2	0	0
Vernon Benson 3B	1	0	0
Andrés Fleitas C	3	0	0
Manuel Hidalgo SS	2	0	0
Pedroso (a)	1	0	0
Varona SS	0	0	0
Thomas Fine P	3	1	1

Anotación

	1	2	3	4	5	6	7	8	9	C	H	E
Caracas	0	0	0	0	0	0	0	0	0	0	0	0
Habana	0	0	0	0	0	1	0	0	0	1	4	2

A segunda hora Panamá arrolló a los Senadores 6-1, victoria para Hisel Patrick y derrota para Red Adams, jonrón de Dale Lynch por los vencedores.

El 22 de febrero, Senadores y Cervecería se enfrascaron en otro duelo, el que concluyó 3-2 a favor del equipo de Venezuela. Ambos equipos anotaron dos carreras en la quinta entrada y así continuaron abrazados hasta el undécimo cuando Cervecería anotó la decisiva por batazo de Wilmer Fields impulsor de la decisiva. José Bracho ganó el juego con salvado para Emilio Cueche, mientras Cot Deal cargaba con la derrota. Ambos equipos dispararon 8 imparables. A segunda hora, el Habana se repuso de un mal comienzo cuando el Carta Vieja anotó 2 carreras en la primera entrada sobre los envíos de Limonar Martínez.

Thomas Fine y John "Araña" Jorgensen

Los Leones ripostaron con 1 en la tercera entrada por jonrón de la Araña Jorgensen, y en la octava dio su golpe de gracia al anotar 3, rally logrado por base a Jorgensen, cohete de Formental que Cronin no retuvo y posibilitó el empate en las piernas de la Araña, wild pitch del abridor Marion Fricano, otros dos cohetes de Amorós y de Bicho Pedroso, que llevaron al lanzador a las duchas y ser sustituido por Al Point. Finalmente, marcador final 4-2, Limonar se llevó el triunfo, Fricano cargó con la derrota. Carta Vieja bateó 8 hits y cometió 3 errores, el Habana conectó 5 y un error.

El 23 febrero comenzó la segunda vuelta, nuevamente Senadores y Leones, los segundos marcaron una en el segundo, mientras los de Puerto Rico anotaban 2 en el quinto por jonrón de Luis Rodríguez Olmo sobre los lanzamientos de Jackie Collum, pero "no se vaya que esto se pone bueno", como lo narraba el gran Buck Canel. El Habana le hizo la gracia en el mismo noveno para dejar a los Senadores al campo. En esa entrada hubo jonrón de Lou Klein, por lo que el desafío terminó 3-2, segundo que perdían los Senadores con igual marcador y a última hora. Collum permitió 4 hits, Roberto Vargas fue el perdedor. Los Leones batearon 7 hits y sin errores, los boricuas cometieron 2. A segunda hora, Panamá con racimo de 4 en el quinto aseguró un triunfo de 4-1 sobre el Cervecería. Ambos conjuntos conectaron 8 hits, ganó Alberto Osorio y perdió Bill Samson.

Como siempre, fiesta nacional, 24 de febrero, el Habana lo supo celebrar bien, al derrotar 7-1 al Cervecería. Bill Ayers cubrió toda la ruta y permitió 5 hits, incluido jonrón del conocido Wilmer Fields. Los Leones batearon 8 inatrapables y cometieron un error. El perdedor fue Johnny Hetki. En el segundo juego de la jornada, otra vez Carta Vieja aseguró la victoria con 4 carreras en el cuarto inning para vencer 4-2 al conjunto boricua. Andrés Alonso se alzó con la victoria, mientras que el derrotado fue José "Pantalones" Santiago. Ambos conjuntos batearon 9 hits, los Senadores cometieron un error.

Última jornada del torneo, Cervecería anotó un par de carreras en los innings 1, 6 y 8, así llegaron al noveno con 6 de ventaja, que los boricuas no pudieron borrar con su rally de 3 en el epílogo del desafío. Adams volvió a perder y el nudillista Al Papai, quien esta vez permitió 7 hits, se llevó el triunfo. A segunda hora, otro hecho inesperado Thomas Fine abrió por el Habana y el estelar parece que llegó cansado a la novena entrada, pues las 8 anteriores resultaron inmaculadas. Tenía una ventaja amplia, los Leones comieron mucha Carta Vieja, 16 inatrapables con 11 carreras. En el noveno, con un out, flaqueó y permitió 3 hits y 3 carreras. De todas formas, dejó otro record aún vigente, 17 entradas sin permitir hit ni carreras en Series del Caribe.

El Habana fue un equipo convincente, esta vez no hubo juegos perdidos ni llamadas al orden por parte de Miguel Ángel. Los Senadores fueron una decepción al no ganar ni un solo desafío, los otros dos conjuntos jugaron acorde a sus posibilidades. Lo interesante de todo habría sido saber cómo Miguel Ángel adivinó que Fine podría aportarle tanto cuando el Potro no es que haya estado bien lanzando para el Marianao. Personalmente no creo en instintos, sí en la sabiduría de los grandes directores. Fine lanzó en Cuba durante cinco temporadas para los equipos de Marianao y Cienfuegos, interesante, nunca con el Habana en temporada regular.

Clasificación final

Equipo	**G**	**P**
Leones del Habana	5	0
Carta Vieja	3	3
Cervecería Caracas	3	3
Senadores de San Juan	0	5

El líder de los bateadores fue Edmundo Amorós, el que promedió .450, con slugging de .650, 6 anotadas y 6 empujadas; Bicho Pedroso promedió .400, la Araña Jorgensen no promedió mucho, pero empujó 6 y disparó 2 jonrones de los 3 de su equipo. Andrés Fleitas promedió .304, y Lou Klein se fue con promedio de .333 y otro jonrón.

Líderes en bateo

VB	Luis Márquez	San Juan	27
C	Edmundo Amorós	Habana	6
	John Jorgensen	Habana	
H	Edmundo Amorós	Habana	9
	Wilmer Fields	Caracas	
	Forrest Jacobs	Carta Vieja	
2B	Edmundo Amorós	Habana	4
3B	John Kropf	Carta Vieja	1
	Alberto Osorio	Carta Vieja	
HR	John Jorgensen	Habana	2
	Wilmer Fields	Caracas	
CI	Wilmer Fields	Caracas	8
BR	Jerry Lynch	Carta Vieja	2
Prom.	Edmundo Amorós	Habana	.450

Los líderes jonroneros fueron Wilmer Fields del Cervecería (.360, slugging .720) y Jorgensen con 2, mientras que el primero mencionado se llevaba el liderato de empujadas con 7. Por el Carta Vieja, Forrest Jacobs promedió .360 en su cuarta serie del Caribe consecutiva. Una temporada después Jacobs vestiría el uniforme de los Alacranes de Almendares y se mantendría jugando en la profesional cubana hasta la temporada de 1957-58, con ausencia en la de 1954-55. El triunfo en la serie de 1952 representó el segundo para un equipo cubano, entonces líder en series del Caribe ganadas.

Edmundo Amorós

Thomas Fine se llevó el título de pitcheo con sus dos victorias e igualmente el MVP del torneo.

Líderes de pitcheo

JL	14 lanzadores		2
JC	Thomas Fine	Habana	2
	Bill Ayers	Habana	
	John Hetki	Caracas	
Inn.	John Hetki	Caracas	20
K	John Hetki	Caracas	9
BB	Ellis Deal	San Juan	9
Ganados	Thomas Fine	Habana	2
Perdidos	Red Adams	San Juan	2
G/P%	Thomas Fine	Habana	1000

V Serie del Caribe (1953)

"Cuando les hablo a los peloteros latinos en la actualidad, muchos no tienen idea del trabajo que pasamos en el pasado para triunfar."
Orlando Cepeda (miembro del Salón de la Fama de Béisbol)

La temporada de 1952-53 de la Liga Cubana terminó con victoria para los Leones del Habana, dirigidos por el eterno Miguel Ángel González, quien se le vio por última vez como timonel del equipo que fuera de su propiedad.

El Habana trajo una artillería de todas las dimensiones, encabezada por Pedro Formental, Edmundo Amorós y Lou Klein. El primero lideró el departamento de dobles (18), bases por bolas (50) y empujadas (57). Por su parte, Amorós bateó para astronómico .373 (220-82) y se llevó el liderato de bateo, mientras que Lou Klein dejaba record de 16 jonrones para una justa invernal cubano.

El Habana tuvo la oposición acostumbrada de los Alacranes, los que quedaron en tercer lugar, ya que los Tigres de Marianao empataron y se llevaron el segundo escalón. Ambos equipos quedaron a 6 juegos de los Leones. En el caso del Marianao hubo dos jugadores que sobresalieron. El primero de ellos es el siempre recordado Orestes Miñoso, quién estableció record de 67 anotadas en estos campeonatos, co-lideró también triples (5), bases robadas (13), y promedió .327 (266-87) ofensivamente. El otro destacado fue el novato del campeonato, Miguel Fornieles, quién ganó 12 juegos y lideró el departamento de PCL (2.33).

Así el Habana ganaba su tercer cetro consecutivo en la década de los 50 e iba a revalidar su título de campeón de la Serie del Caribe 1952 jugando en terreno propio.

En la confianza está el peligro, aunque no es de creer que un hombre con tantas horas de vuelo en la pelota profesional como el reglano Miguel Ángel González, se haya confiado y mucho menos viendo la clase de equipo que Puerto Rico traía a este evento.

Como siempre ocurre, días u horas antes de comenzar el evento en la Habana, Miguel Ángel recibía la noticia que ni él lanzador italo-brooklinense Mario Picone, ni el receptor Dick Rand podían participar en la Serie del Caribe. La negativa con Picone venía de los Gigantes de Nueva York, puro egoísmo, Picone a fin de cuentas lanzó en la temporada de 1953 con los Molineros de Minneapolis de la Asociación Americana, mientras que Rand era el receptor de reserva de los Cardenales de St Louis, el que jugó sólo 9 partidos de la Liga Nacional en 1953.

Enseguida los expertos, esos que se sobran en nuestra pelota cubana, aconsejaron a Miguel Ángel que llevara a Rafael Noble como receptor, hombre de fuerza al bate y experiencia detrás del plato, y al novato Miguel Fornieles en lugar de Picone. Los consejos muy valiosos, pero Miguel Ángel es de aquellos que tienen su propia opinión y muy difícil de cambiarla. El reglano llamó directamente a los gerentes de los dos equipos de la Liga Nacional involucrados. Sabía lo que hacía, ya que había jugado en ambos conjuntos y tenía estrechas relaciones con ellos. Bastó esa llamada y asunto solucionado, Picone y Rand se quedaron.

El conjunto cubano tenía un trío de jardinero muy ofensivo con Formental y Amorós en las esquinas y Bob Usher en el central, mientras que en la reserva estaban Alejandro Crespo y Oscar Sardiñas. En el cuadro no le faltaba nada, Bert Haas en 1B, la araña Jorgensen en segunda, Lou Klein en tercera y Damon Philllips como torpedero, Rand era el receptor secundado por el experimentado Andrés Fleitas e Isaac Seoane. El cuerpo de lanzadores venía a base de Bob Alexander, Adrián Zabala, Jiquí Moreno, Gilberto Torres, el ya mencionado Picone, Limonar Martínez, John Thompson y Carlos "Patato" Pascual entre otros.

Los boricuas traían un Santurce que metía miedo, dirigido por el torpedero Buster Clarkson, nada del otro mundo ni en la posición, ni como director, pero de buen bateo y suficiente experiencia para conducir un equipo que por momentos lucía más una selección de estrellas de Ligas Negro que uno de la liga boricua. Así la receptoría era defendida por Joe Montalvo, la inicial por Pepe St Clair, el versátil Dodger Junior Gilliam en segunda, el entonces joven Víctor Pellot-Power en la antesala y Clarkson en el campo corto. En los jardines, Willard Brown y Bob Thurman, palabras mayores en las Ligas Negro, además de Luis "Canena" Márquez. El staff de pitcheo era a base de José

"Pantalones" Santiago, un verdugo para los cubanos; el apodado Cuna, Ellis Ferguson "Cot" Deal, Alva "Bobo" Holloman, Roberto Vargas y Rubén Gómez.

Panamá vino con el Chesterfield, otra novena cuajada de peloteros estadounidenses, bajo la dirección de Stanford Graham, con Calvin Byron C, el cubano Roberto Fernández Tapanes en la inicial, Pablo "Manito" Bernard en segunda, Clyde Parris en tercera y Frank Austin en el SS. Joe Tuminelli aparecía como reserva de este cuadro. Los jardineros principales fueron Bobby Prescott, Dave Roberts y Nat Pepples. Los lanzadores fueron los panameños Humberto Robinson, Patricio Scantlebury, Alberto Osorio, además de Peter Nicolis, Hisel Patrick y Johnny Hagler.

Venezuela venía dirigido por el inmortal Martín Dihigo, donde Piper Davis y Guillermo Vento corrían con la receptoría, Lloyd Gearhart en 1B, Henry Schenz 2B, Pompeyo Davalillo 3B y Chico Carrasquel SS. Mitt Nielsen, Dalmiro Finol y Gale Wade fueron los jardineros regulares. Entre los lanzadores se destacaban José "Carrao" Bracho, Mono Zuloaga, Dick Starr y Charles Bishop.

La primera bola de esta quinta edición de las Series del Caribe le correspondió nuevamente al comisionado de Ligas Menores, George Trautman. El torneo fue inaugurado con juego entre Panamá y Puerto Rico el 20 de febrero con las gradas llenas de público. La artillería boricua se dio banquete al conectar 14 hits y anotar 15 veces para llevarse victoria de 15-6, con victoria para Rubén Gómez y derrota para Hisel Patrick. Víctor Pellot conectó lo que fue el batazo más largo de la justa, un enorme cuadrangular, lo imitó en esta faena el mismo Rubén Gómez con otro cuatriesquinazo. A segunda hora los Leones del Habana comieron Leones de Caracas, juego realmente de batazos, donde los de Cuba anotaron 10 contra 7 de los venezolanos. Carlos "Patato" Pascual, en rol de relevista del gigante Bob Alexander, fue el único serpentinero no castigado en el desafío y se llevó la victoria. En este juego Perico Formental conectó triple, doble y par de incogibles, se quedó por un jonrón de lograr el primer ciclo de bateo en Series del Caribe. El receptor Dick Rand se fue perfecto, de 4-4, incluido doble con las bases llenas. Amorós, por su parte, conectó triple y sencillo, buenos para impulsar 3 carreras.

Al siguiente día, nuevamente los boricuas se llevaron la victoria, esta vez sobre el Caracas con anotación de 7-4. Bobo Holloman se llevó la victoria con la ayuda del cerrador Ellis Ferguson "Cot" Deal, juego en el que Willard Brown conectó su primer jonrón y Junior Gilliam lo imitaba, mientras que Dalmiro Finol la desaparecía por el Caracas. En este partido se conectaron 25 incogibles, 13 por parte de los vencedores. A segunda hora, Mario Picone demostró por qué Miguel Ángel insistió en tenerlo en su staff, al caminar toda la ruta y derrotar 6-1 al Chesterfield de Panamá. Lou Klein disparó jonrón en este juego, mientras que la derrota era para el zurdo Pat Scantlebury.

El domingo 22 de febrero se cerraba la primera vuelta de esta serie. El derecho Charlie Bishop del Caracas pintaba de blanco a los panameños y estuvo a punto de lograr el cero hit, cero carreras. La anotación final fue de 3-0, con 5 hits conectados por Venezuela y 1 de Pablo Bernard por Panamá. El plato fuerte llegó en el segundo juego de esta jornada, con dos equipos invictos. El Habana salió con ínfulas y anotó una en el segundo inning, pero el Santurce empató en esa misma entrada y una después tomaba ventaja de 3-1, la que se mantuvo a puro Pantalones hasta que el Habana anotó 4 carreras en la octava y novena entradas. No obstante, esa ventaja no fue preservada por Patato Pascual, a quien los boricuas le anotaron 3 en el noveno para dejar al Habana al campo y con derrota de 6-5. El inicialista Bert Haas jonroneó por el Habana y Willard Brown hizo otro tanto por el Santurce.

En la segunda vuelta, Santurce continuó con su racha victoriosa, al vencer a Panamá 6-3. La ofensiva de Panamá conectó 14 hits contra 13 de los boricuas, pero no lograron aprovechar los hombres en base que tuvieron. Alberto Osorio fue el lanzador castigado y perdedor de este desafío, mientras que Cot Deal se llevaban su segunda victoria, todo un caballo de hierro en este torneo. El director y torpedero Clarkson del Santurce cometió dos errores en este partido, por cierto, las únicas marfiladas de este conjunto en esta serie. El Habana volvió a comer leones de Caracas, la victoria fue con anotación de 6-4 a la cuenta de Bob Alexander. Los bateadores del Habana conectaron 14 incogibles por cinco los perdedores. Venezuela intentó hacerle la misma gracia que le hiciera el Santurce al Habana, ya que anotó dos carreras en la novena entrada, además de hombres en primera y segunda que obligó traer a Jiquí Moreno en función de relevo por el abridor Bob Alexander visiblemente fatigado en el capítulo final. Chico Carrasquel lo saludó con metrallazo que llenó las bases, pero el serpentinero cubano metió el brazo para sacar los outs de la victoria. En ese juego, Habana anotó en el tercero por base a Usher, infield hit de Klein y metrallazo impulsor de Formental. En el cuarto, agregaron dos más por base a Alexander, sencillo de Jorgensen y triple de Formental, que bateó de 4-4 en ese partido. En el quinto hubo rally de 3, base a Haas, hit de Dick Rand, out intercalado, toque de Alexander con ánimos de squeeze play, mal tiro a primera, con lo que Haas anotó, el carreraje se completó cuando los hombres en segunda y tercera anotaron por hit al central de Bob Usher. Las dos carreras iniciales del Caracas se materializaron en la parte baja de esa entrada, por base a Chico Carrasquel, doble de Gerhardt y hit de Shentz. Interesante hacer notar que la afición venezolana podía disfrutar de las incidencias de todos los juegos de la Serie trasmitidos por la radio, pero a un costo de 3 dólares por minuto de trasmisión, y eso era en 1953.

Llegó el martes 24 de febrero, fecha de punto final. Era el penúltimo día del calendario de la serie. Una victoria boricua y una derrota cubana, chirrín chirrán, como decía el difunto Bobby Salamanca. Eso mismo fue lo que sucedió. Bobo Holloman lanzó sin problemas para ganarle a Venezuela 9-2. La ofensiva boricua fue a base de 13 incogibles incluido jonrón de Willard Brown y del receptor Joe Montalvo, mientras que a segunda hora el Habana caía sorpresivamente contra el Chesterfield de Panamá 5-3. Nuevamente Humberto Robinson fue el verdugo con ayuda de relevo decisivo de Pat Scantlebury. Cuba bateó más (11 hits) pero aprovechó menos. Los panameños dispararon 10 incogibles incluido jonrón de Bobby Prescott. Si Cot Deal se convirtió en el lanzador victorioso del torneo, Patato Pascual fue lo inverso al archivar su segunda derrota en la serie.

La última jornada fue para completar el calendario, ya nada cambiaba respecto a los dos primeros lugares. Así Panamá aseguró la tercera posición al vencer al Caracas 3-2, juego ganado por Scantlebury y derrota para Carrao Bracho. El jardinero Peeples conectó de jonrón este desafío. En el juego del cierre de la serie, nuevamente Santurce impuso su clase al vencer al Habana 7-3. El pitcheo habanista flaqueó al permitir 16 imparables de los bateadores del Santurce, donde se incluyó el segundo jonrón de Junior Gilliam y el cuarto de Willard Brown (líder). Roberto Varga se llevó la sonrisa y derrota para John Thompson.

Tabla final de posiciones

Equipo	G	P	G/P%	Dif.
Santurce	6	0	1000	-
Habana	3	3	.500	3
Chesterfield	2	4	.333	4
Caracas	1	5	.167	5

Los líderes ofensivos más destacados fueron Willard Brown, el que acaparó varios departamentos, además de promediar .417 en esta justa. El cubano Pedro Formental fue líder en hits conectados, triples y en promedio de bateo. En el área de pitcheo sobre salieron los lanzadores Alva Holloman y Cot Deal del Santurce. No en balde este equipo ubicó 5 jugadores en el Todos Estrellas.

Junior Gilliam, Willard Brown, Buster Clarkson

La elección del MVP no ofrecía dudas, Willard Brown por la clásica milla. Pensar que este pelotero inició parte de su carrera en Cuba cuando jugó para el Marianao en 1937-38. Ya desde entonces recibía el apodo de Jonrón. Junior Gilliam mostró la calidad que lo llevó a jugar como regular dentro de los Dodgers.

Líderes en bateo

C	Willard Brown	Santurce	8
H	Pedro Formental	Habana	14
2B	Willard Brown	Santurce	3
3B	Pedro Formental	Habana	2
HR	Willard Brown	Santurce	4
CI	Willard Brown	Santurce	13
Prom.	Pedro Formental	Habana	.560
Slug.	Willard Brown	Santurce	1042
BR	Cuatro peloteros		2

Líderes en pitcheo

JL	6 peloteros		3
JC	8 peloteros		1
Innings	Pat Scantlebury	Chesterfield	18.1
SO	Carlos Pascual	Habana	9
Lechadas	Charles Bishop	Caracas	1
Salvados	Cot Deal	Santurce	1
	Pat Scantlebury	Chesterfield	1
Ganados	Alva Holloman	Santurce	2
	Cot Deal	Santurce	2
Perdidos	Carlos Pascual	Habana	2
	Len Yochim	Caracas	2
%Ganados	Alva Holloman	Santurce	1000
	Cot Deal	Santurce	1000
PCL	Charles Bishop	Caracas	0.00

El Todos Estrellas quedó conformado por:

C – Joe Montalvo (Santurce)
1B – Bert Haas (Habana)
2B – Junior Gilliam (Santurce)
3B – Lou Klein (Habana)
SS – Buster Clarkson (Santurce)
OF– Willard Brown (Santurce)
OF– Nat Peeples (Chesterfield)
OF– Pedro Formental (Habana)
Lanzador (d) – Alva Holloman (Santurce)
Lanzador (z)– Pat Scantlebury (Chesterfield)
Manager – James Clarkson (Santurce)

El MVP del torneo lo recibió el futuro miembro del Salón de la Fama, el jardinero Willard Brown, quien se llevó los lideratos de carreras anotadas, dobles, jonrones y carreras impulsadas.

VI Serie del Caribe (1954)

"No importa lo bueno que su equipo sea, al final perderá una tercera parte de los juegos en calendario. No importa cuán malo sea su equipo, al final ganará una tercera parte de los juegos en calendario. Es esa tercera parte la que hace la diferencia."

Tom Lasorda

Equipo Caguas campeón Serie del Caribe 1954

El campeonato de 1953-54 concluyó con la cadena de tres coronas consecutivas del equipo Habana, el cual vino esta vez dirigido por Salvador Hernández, mientras que el Almendares, a base de mucha ofensiva, dirigidos por el ex-receptor-infielder Bobby Bragan, que algunos autores dicen que fue el primer no cubano en realizar la faena de timonel en la Liga Cubana, lo cual no es cierto, ya que con anterioridad, Bill Earle, Vernon "Lefty" Gómez y Billy Herman habían dirigido a equipos de la Liga Cubana. A fin de cuentas, Bragan condujo al Almendares a la la victoria, con ventaja de 8 juegos sobre el Cienfuegos y 9 sobre el Habana. La ofensiva almendarista fue liderada por el inicialista Rocky Nelson (.352), campeón de bateo; el defensor de la segunda base, Forrest Jacobs (.319), un Willy Miranda desconocido, quien bateó para promedio de .304; el antesalista Héctor Rodríguez (.290); los tres jardineros, Earl Rapp, Ángel Scull y Sam Chapman, todos montados sobre los .300. Entre el receptor Ray Orteig, Nelson y Rapp conectaron 24 jonrones. Todo ello ayudó a que el pitcheo, basado en los brazos de Cliff Fanin (13-4), Jim Walsh (8-3), Conrado Marrero y Joe Hatten, ambos con registros personales de 7-5, pudieran ganar con suficiente ventaja frente a sus adversarios. De hecho, la temporada se fue de un solo lado desde temprano. El Almendares sufrió un primer percance cuando los Cardenales de St Louis ordenaron el regreso de Rocky Nelson al entrenamiento primaveral. Su lugar fue ocupado por el inicialista cubano Julio Bécquer Villegas del Marianao, el que había bateado para promedio de .296 en la temporada. Como lanzador de refuerzo se llevaron al zurdo Clarence Iott (8-4) del Habana, no muy convincente para la justa que se avecinaba.

A pesar de la amenaza azul, el favorito volvía a ser el conjunto boricua, esta vez representado por los Criollos de Caguas, que venía dirigidos por su director-receptor. Mickey Owen, famoso por haber sido el cátcher regular de los Dodgers de Brooklyn en la Serie Mundial de 1941 contra los Yankees, quien recibió a sus lanzadores en los primeros cinco juegos, además se hizo famoso cuando en el cuarto juego, que iba 4-3 a favor de los Dodgers, dejó el caer el tercer strike sobre el bateador Tommy Henrich, quien quedó con vida y permitió a los Yankees anotar 4 carreras para finalmente lograr la victoria 7-4 y luego ganar los siguientes juegos para llevarse la serie mundial. Owen murió en julio del 2005 debido a Alzheimer, que le aquejó por un largo tiempo. En el sexto partido de esta Serie del Caribe, Luis St Claire fue el cátcher. En ese equipo militaban dos jardineros de Grandes Ligas, uno era el boricua-neoyorquino Manuel “Jim” Rivera y el otro era Hank Aaron, el que no pudo asistir a la serie debido al inicio del entrenamiento primaveral de su equipo. Así y todo, Caguas traía un buen conjunto a base Víctor Pellot en 1B, Jack Cassini en 2B, Rance Pless en 3B, Félix Mantilla en SS, Rivera, Jim Howerton y Luis "Canena" Márquez en los jardines, mientras que en su pitcheo estaban Rubén Gómez, Luis “Tite” Arroyo, el dominicano Chichi Olivo, Corky Valentine, Brooks Lawrence y Jack Sanford. No lucía tan temible como el Santurce de 1953, así y todo, era un conjunto muy integral.

La Serie comenzó el 18 de febrero de 1954 en el parque Sixto Escobar de San Juan de Puerto Rico. El partido inaugural fue a base de Venezuela contra Cuba, que decepción, primera derrota cubana a manos de un conjunto venezolano en estas justas después de 10 victorias consecutivas. El Almendares arrancó en punta y logró anotar sus 5 carreras en las primeras cuatro entradas, pero el zurdo Hatten flaqueó en el octavo y llegó la sorpresa con cohetes de Johnny Temple, Wally Moon, Camaleón García y Luis Oliveros buenos para empujar las 6 necesarias para llevarse el triunfo. El noveno inning no se jugó por haber rebasado el límite de tiempo este desafío. Junior Walsh cargó con la derrota, mientras que Howie Fox salvaba el desafío. Ángel Scull bateó 3 sencillos en este desafío. El Almendares reclamó este juego al alegar que Luis Oliveros, el hombre que disparó el hit decisivo, no estaba en la lista de los elegibles para participar en la actual serie. Una extraña reclamación, la que al final no prosperó. Oliveros jugó toda la temporada con el Pastora en Venezuela.

A segunda hora el Carta Vieja dio otra sorpresa al vencer al Caguas 4-1, partido en el que el zurdo Victor Stryska logró dominar a los boricuas a lo largo del partido. Así que dos favoritos y ambos vencidos en jornada inaugural.

En la siguiente jornada, el Almendares no creyó en los envíos del panameño Humberto Robinson, al que apabullaron tempranamente. El equipo cubano disparó 16 incogibles y anotó 13 carreras, mientras que Conrado Marrero amarraba bien cortico a los panameños, a quienes blanqueó, concedió un boleto y los dejó en cinco hits. El receptor Ray Orteig del Almendares disparó dos jonrones e impulsó 6 carreras, mientras que Julio Bécquer conectaba doble y par de sencillos en 4 veces al bate. En el siguiente desafío, duelo entre los lanzadores Rubén Gómez del Caguas y Thornton Kipper del Pastora. Venezuela arrancó con 2 carreras en la cuarta entrada producto de jonrón de Camaleón García, pero el Caguas empató en el sexto y anotó la decisiva por hit de Jim Rivera, sacrificio y fly a lor jardines que lo llevó a tercera, para luego anotar a causa de un enredo con la pelota de parte de Camaleón García, todo eso ocurrido en la octava entrada. Los boricuas batearon 7 hits y los de Venezuela 5, en realidad fue un buen juego de béisbol.

La siguiente jornada trajo un Pastora impetuoso ofensivamente, al anotar 9 carreras producto de 7 incogibles y 5 errores de la defensiva del Carta Vieja. El derecho Ramón Monzant cubrió toda la ruta y se llevó la victoria. El jardinero y futuro bigleaguer Billy Queen jonroneó en este juego, además de la ofensiva de Camaleón García.

El plato fuerte fue a base de Caguas contra Almendares, otro buen duelo entre el derecho afro-estadounidense Brooks Lawrence del Caguas y el zurdo Cliff Fannin del Almendares.

En la segunda entrada, el jardinero central Chapman disparó jonrón y eso fue todo lo que logró anotar el conjunto cubano. Los boricuas anotaron 3 en el inning de la suerte, donde hubo par de jonrones, uno del jardinero Bill Howerton y otro del antesalista Rance Pless, para llevarse su segunda victoria. Ambos equipos batearon 6 hits.

El domingo 21 de febrero comenzó la segunda vuelta de este interesante torneo. Esta vez no hubo sorpresa, Almendares venció al Pastora 4-1 mediante pitcheo del zurdo Clarence Iott, tomado como refuerzo y con muchas dudas respecto a su efectividad en estas lides tan cortas. Iott no decepcionó y dominó a la hora buena, ya que permitió 9 imparables de los venezolanos. Nuevamente el juego fue detenido una vez concluida la octava entrada por haber rebasado el límite de tiempo.

En el segundo turno de esa jornada dominical, otro juego fuerte y emocionante, empatados a tres llegaron al noveno. El Caguas había anotado 3 en el primer tercio del juego, pero los panameños respondieron con 1 en el cuarto y 2 en el octavo. Entre las anotaciones de Panamá hubo jonrón de Ray Dabek. Abrazados estuvieron hasta el undécimo cuando Caguas anotó 3 carreras. El pitcheo boricua se comportó a gran altura mediante envíos del relevista derecho dominicano Diomedes "Chichi" Olivo, quien sustituyó al abridor Jack Sanford, y luego del experimentado Luis "Tite" Arroyo. Humberto Robinson nuevamente cargó con la derrota al permitir las 3 decisivas de este desafío.

Almendares no se podía permitir más derrotas si realmente aspiraba a llevarse el triunfo, pero eso no le importaba al Carta Vieja, que con el derecho Bill Hockenbury en la lomita, venció al Almendares 5-1, con derrota para el derecho Bob Muncrief. Hockenbury lanzó de maravillas, mantuvo a la artillería del Almendares silenciada completamente durante las 5 primeras entradas del juego solo permitió 2 hits a la fuerte ofensiva de los alacranes. En la cuarta entrada, Carta Vieja anotó las dos que decidirían el partido, donde se combinaron doble de Bobby Prescott, hit impulsor de Tuminelli, quien robó la segunda, passed ball del receptor Emilio Cabrera, sustituto de Orteig, el que sufrió fractura de uno de sus dedos, y error del jardinero Earl Rapp.

Con la derrota cubana, al Caguas le bastaba con ganarle al Pastora en el siguiente juego. Los boricuas no decepcionaron, ganaron fehacientemente 7-1. El derecho Corky Valentine dejó en cinco incogibles a los venezolanos, mientras que la ofensiva del Caguas anotaba 5 en el primer tercio a costa del perdedor Ralph Beard.

La última jornada de la serie fue de puro trámite para Puerto Rico, pero no así para el resto de los conjuntos que luchaban por ubicarse en la segunda posición. Al final hubo empate, ya que Carta Vieja venció 2-1 al Pastora, con dominio nuevamente de Víctor Stryska, mientras que el Almendares le anotó 4 en la misma primera entrada a Chichi Olivo y Junior Walsh caminaba toda la ruta, para finalmente vencer al Caguas 4-2.

La tabla de posiciones quedó como aparece a continuación.

Equipo	G	P	G/P%	Dif.
Caguas	4	2	.667	-
Almendares	3	3	.500	1
Carta Vieja	3	3	.500	1
Pastora	2	4	.333	2

Como comentario adicional, se puede decir que Puerto Rico mereció la victoria, su cuerpo de pitcheo solo permitió 10 carreras limpias en los 6 desafíos en que participó. La ofensiva, sin ser la de la V Serie (1953), fue la suficiente para lograr las victorias. Por primera vez un pelotero no cubano se llevaba el liderato de bateo, fue el caso de Manuel "Jim" Rivera, quien promedió .400. Rivera estaba entonces en ascenso, había debutado con los Carmelitas de St Louis en 1952, luego pasó a los Medias Blancas de Chicago, con los que se mantuvo hasta 1961. Su ofensiva en esta serie le hizo merecedor del MVP de la justa. No menos importante fue la ofensiva de Víctor Pellot, quien promedió .348 y del camarero Jack Cassini (.333), quien había jugado 5 temporadas anteriormente en la Liga Cubana, una con el mismo Almendares y luego 4 con el Cienfuegos. Los lanzadores Corky Valentine, Brooks Lawrence, Rubén Gómez, además del relevista Tite Arroyo brillaron en sus presentaciones. Arroyo lanzó 7.1 en tres apariciones que limitaron la ofensiva rival.

El Almendares, si bien no decepcionó, tampoco lució lo que se esperaba. Su ofensiva estuvo menguada a falta de Rocky Nelson. Es justo destacar que los jardineros Sam Chapman (.391) y el matancero Ángel Scull (.391) estuvieron a la altura de las expectativas. Lo mismo se puede decir del pitcheo de Conrado

Marrero y el refuerzo Clarence Iott, mientras que Fannin y Muncrief no lograron el resultado deseado.

Carta Vieja quedó empatado con el Almendares, conjunto que adoleció de baja ofensiva, con las excepciones del veterano Joe Tuminelli (.391) y del jardinero Bob Prescott (.381). Sin embargo, contó con un pitcheo magistral de parte del derecho Víctor Stryska, quien registró PCL de 0.50 en 18 entradas lanzadas.

Líderes Bateo

C	Ángel Scull	5	Almendares
H	Jim Rivera	9	Caguas
2B	Víctor Pellot	3	Caguas
	Bobby Prescott		Carta Vieja
3B	Cinco jugadores	1	
HR	Ray Orteig	2	Almendares
CI	Luis García	9	Pastora
Prom.	Jim Rivera	.450	Caguas
BR	Jack Cassini	2	Caguas

Pastora luchó, pero no llegó, y se tuvo que conformar con el cuarto lugar. Camaleón García (.348) fue el principal baluarte de la ofensiva venezolana, quien se llevó el liderato de empujadas (9). Los lanzadores Monzant y Beard se llevaron una sonrisa per cápita, mientras que Emilio Cueche mostró su valor como apagafuegos al lanzar 8.1 y registrar PCL de 1.11.

Líderes Pitcheo

Entradas lanzadas	Víctor Stryska	18	Carta Vieja
PCL	Víctor Stryska	0.50	Carta Vieja
Juegos ganados	Víctor Stryska	2	Carta Vieja
Ponches propinados	Joe Hatten	12	Almendares
Salvados	Howie Fox	1	Pastora

Todos Estrellas

C	Ray Orteig	Almendares
1B	Víctor Pellot	Caguas
2B	Jack Cassini	Caguas
3B	Luis García	Pastora
SS	Vern Benson	Pastora
LF	Bobby Prescott	Carta Vieja
CF	Jim Rivera	Caguas
RF	Sam Chapman	Almendares
Lanzador	Víctor Stryska	Carta Vieja
Director	Mickey Owen	Caguas

VII Serie del Caribe (1955)

"Cuando me pongo el uniforme, me siento el hombre más orgulloso de la tierra."
Roberto Clemente

La temporada de 1954-55 en la Liga Cubana resultó en un nuevo triunfo del Almendares, guiados una vez más por Bobby Bragan. Según los expertos de aquella época, fue una temporada pálida, pues los alacranes se despegaron rápidamente y no hubo pelea como tal por el banderín. Eso provocó la apatía de la afición y su ausentismo en las gradas, lo que se tradujo en pérdidas para el torneo. Entre los peloteros destacados del Almendares en esta temporada están Rocky Nelson nuevamente, quien disparó 13 cuadrangulares e impulsó 57 carreras, líder en ambos departamentos; Ángel Scull, líder de bateo (.370) y bases robadas (12), mientras que Joe Hatten co-lideró, junto con Ed Roebuck del Habana, el de juegos ganados (13), y fue segundo solo de su compañero George "Red" Munger en PCL (2.85). Fue una temporada con algunas ausencias por falta de permiso de sus equipos, fueron los casos de Orestes Miñoso, Sandalio

Consuegra y Miguel Fornieles por parte de los Medias Blancas de Chicago, y de Camilo Pascual por los Senadores de Washington. Tres peloteros cubanos, futuros grandeligas, debutaron en esta temporada, Tony Taylor con el Marianao, Román Mejías con el Almendares y Francisco “Panchón” Herrera con el Habana.

Por lo tanto, Almendares iba por segundo año consecutivo a discutir título en Serie del Caribe, la que se disputaría del 10 al 15 de febrero en el Estadio Universitario de Caracas, Venezuela. Este equipo, como todo conjunto de la Liga Cubana, se pintaba como uno de los favoritos. No obstante, hay que decir que sus ases de pitcheo eran dos zurdos, el cienfueguero grandeliga Lino Donoso y Joe Hatten, a cuya lista hay que agregar a otro zurdo, Roger Bowman. Eso motivó que la mayoría de los equipos se fortalecieran ofensivamente con bateadores derechos. Bobby Bragan, director de los alacranes, confiaba en lo que pudiera hacer el derecho Red Munger, hombre que había estado lesionado y que a su regreso al montículo no mostró nada de efectividad. Bragan había usado poco a Conrado Marrero en esa temporada, pero existía una esperanza en el derecho Raúl “Salivita” Sánchez, pelotero que había jugado previamente con el Marianao. El Almendares, en detalle, venía con Nelson en 1B, Al Federoff 2B, Héctor Rodríguez 3B, Willy Miranda SS, Lee Walls, Ángel Scull y Earl Rapp en los jardines, y el entonces prospecto de los Yankees, Gus Triandos como receptor. Otros dos lanzadores en nómina fueron los derechos Al Lyons y Gonzalo Naranjo, ambos ya prospectos de Grandes Ligas.

El otro favorito era Puerto Rico, representado nuevamente por los Cangrejeros de Santurce, dirigidos por Herman Franks, además de una ofensiva temible, encabezada por los futuros miembros del Salón de Cooperstown, Roberto Clemente y

Willie Mays, además de Buzz Clarkson en la antesala, Bob Thurman en los jardines, Don Zimmer en el campo corto, y Harry Chiti como receptor. El cuerpo de lanzadores era encabezado por Bill Greason, Rubén Gómez, San Jones y el dominicano Jorge o George "Garabato" Sackie entre otros.

Venezuela no perdía las esperanzas de llevarse su primer título. Esta vez los Navegantes de Magallanes, equipo con sede en Valencia, era el representativo de este país, guiado por el experimentado director Lázaro Salazar. Este equipo, terminada la temporada, hizo un canje de peloteros, mediante el cual se hacían de los servicios de los lanzadores Emilio Cueche y José "Carrao" Bracho, además del jardinero cubano Pablo García, quien había jugado poco en esa temporada con el Cienfuegos en la liga cubana. El Almendares protestó el canje, pero no halló oídos, ni aprobación de parte del comisionado de Ligas Menores, George Trautman. El conjunto trajo a Bob "Televilla" Skinner 1B, Camaleón García 3B, Chico Carrasquel SS, Pablo García, Bob Lennon, Dalmiro Finol y George Wilson compartiendo los jardines, mientras que Guigui St Claire fue el receptor. Los lanzadores Cueche, Bracho, ya mencionados, Ramón Monzant, Bill Kennedy y Joe Margoneri.

Panamá, como siempre considerada la Cenicienta del evento, eso a pesar de haberse coronado campeón en la II Serie (1950), nuevamente fue representada por el Carta Vieja bajo el mando de Al Kubski una vez más. Ray Dabek fue el receptor, con un cuadro a base de Fred Maroleski 1B, Milt Graff 2B, Clyde Parris 3B y Bill Hardin SS. En los jardines con Howard Phillips, Johny Kropf y Guildford Dickens, mientras que los lanzadores fueron Humberto Robinson, Billy Harris, Ernie Lawrence, Alberto Osorio, Victor Stryska y Charles Douglas entre otros. Como se ve, los conjuntos panameños se caracterizaban entonces por una fuerte presencia de estadounidenses y muy baja de peloteros nacionales.

El partido inaugural fue a entre Santurce y Almendares, el jueves 10 de febrero, pero antes la primera bola fue lanzada por el tristemente célebre dictador venezolano Marcos Pérez Jiménez, mientras que el receptor del Almendares recibía el lanzamiento. En este desafío los Cangrejeros anotaron 4 carreras en la cuarta entrada para derrotar al Almendares 6-2. Nuevamente Rubén Gómez amarró corto a los alacranes, mientras que el galleguito Don Zimmer, el Popeye americano, que jugara en la temporada de 1953-54 para el Marianao y el Cienfuegos, se encargaba de disparar jonrón en la séptima entrada por el equipo boricua. En este juego los alacranes batearon tres hits. Era la sexta victoria de Gómez en Series del Caribe y la cuarta a costa de equipos cubanos. Por los cubanos lanzaron el derecho Red Munger como abridor, sustituido en el quinto por el zurdo Roger Bowman después de permitir 5 imparables e igual número de carreras. Bowman permitió la última carrera boricua, mientras que el zurdo cubano Lino Donoso lanzaba las dos últimas entradas permitiendo un solo hit. A segunda hora, el Magallanes aplastaba al Carta Vieja 9-0, con lechada a la cuenta de Carrao Bracho y derrota de Bill Harris.

Al siguiente día, el primer juego fue entre Carta Vieja y Santurce, todo un duelo de los lanzadores Bill Greason por los Cangrejeros y Ernie Lawrence por el Carta Vieja. Ambos conjuntos conectaron 5 hits, Puerto Rico anotó dos carreras para llevarse la victoria (2-1) producto de jonrón de Zimmer en la primera entrada y otro más del mismo lanzador Greason en la quinta. Panamá hizo una en el séptimo. A segunda hora vino el juego esperado por la afición, Magallanes y Almendares, con los lanzadores Joe Hatten y Emilio Cueche en la lomita, donde ambos cubrieron toda la ruta, pero la victoria le tocó a uno y fue al Almendares 1-0. Magallanes bateó 4 incogibles por 2 del Almendares. Este partido se vio interrumpido durante 45 minutos producto de una protesta y la gritería del público, que se produjo en la séptima entrada cuando Camaleón García abrió la entrada con hit, al receptor Gus Triandos se le escapó la bola y Camaleón se quedó a medio camino, por lo que Triandos lo puso out. Luego Dalmiro Finol disparó difícil batazo por tercera, sobre el cual Héctor realizó un maravilloso fildeo en posición incómoda y tirar a primera. El tiro había sacado a Rocky Nelson de su posición, pero logró hacerse de la pelota y tocar con dificultad al corredor antes de llegar a la inicial. El árbitro de primera, el venezolano Roberto Olivo, cantó out, y ahí fue donde la Mula tumbó a Genaro. El público comenzó a gritar, a abuchear la jugada, por si fuera poco, a lanzar objetos al terreno, los que de milagro no golpearon a Rocky Nelson y al árbitro Olivo. Lázaro Salazar protestó la jugada, pero Olivo se mantuvo en su decisión, el público continuó con su alboroto hasta que el árbitro principal Rice pidió cordura, pero a oídos sordos, por lo que terminó expulsando al director del Magallanes, el habanero Lázaro Salazar. Cueche permitió el primer hit del Almendares en la séptima entrada, todo ocurrió después de la tangana prolongada, por lo que su brazo estaba algo frío. Le dio base a Rapp y el hit se lo conectó Rocky Nelson, hubo base intencional a Gus Triandos, pero Rapp anotaba por fly de sacrificio, la que a la postre decidiría el partido. Realmente el venezolano mereció la victoria, pero así es la pelota. La expulsión de Salazar no era muy justificada, ya que él trató de aplacar los ánimos, sin dejar de protestar la jugada. Protesta sí, violencia no. Destaca la tremenda ética profesional del árbitro Roberto Olivo, quien dejó a un lado su nacionalidad y cantó el out debidamente sin importarle más nada al efecto. Como curiosidad, he buscado el nombre completo del árbitro principal de este juego, quien, al parecer, fue John LaClaire Rice, activo desde 1948 hasta 1973. Coincidió que a partir de 1955 comenzó a trabajar en las Grandes Ligas, y en la temporada de 1953-54 había oficiado en la Asociación Americana.

La bronca de Lázaro Salazar con el árbitro Rice

El juego que no se debió perder fue frente al Carta Vieja de Panamá, iniciado por "Salivita" Sánchez por el Almendares y Humberto Robinson por los panameños. La tropa del Canal anotó la primera en el inning de apertura, pero los alacranes ligaron hits del mismo Salivita, siempre fue buen bateador, Héctor Rodríguez y Lee Walls, con base intercalada al peligroso Rocky Nelson, para así anotar dos e irse arriba en el marcador en la tercera entrada, pero los panameños, estimulados por un público que pedía la derrota del conjunto cubano, logró empatar en el sexto capítulo. En el octavo hubo rebelión panameña, pero no pasaron, Red Munger relevó a Sánchez y logró dar el cero con las bases llenas después de haber propinado pelotazo al bateador Dickens. Munger fue sustituido por bateador emergente en el noveno, su puesto lo ocupó el zurdo Lino Donoso, quien liquidó el décimo sin problemas, pero en el noveno se apareció Guildford Dickens para desaparecer la pelota, mientras que el receptor Ray Dabek lanzaba y salvaba juego para su equipo. Esta derrota fue de hecho la que sacó al Almendares de la pelea por la justa. En el juego del cierre, Santurce volvió a ganar, esta vez en duelo de once entradas, con faenas en el montículo de Ramón Monzant por el Magallanes y Sad Sam Jones por los Cangrejeros. El zuliano Monzant, en las primeras 8 entradas, permitió siete hits y dos carreras, la primera empujada por Buster Clarkson en las piernas del Galleguito y la segunda por uno de los dos hits que Clemente le conectó. Abrazaditos estaban a 2 carreras per cápita, las que anotaron a una por cada entrada inicial del juego, entre ellos cuadrangular de Roberto Clemente, cuando en la undécima resucitó un "muerto" de nombre Willie Mays, quien llevaba 14 veces al bate sin conectar de hit en la Serie. Su resurrección se tradujo en jonrón de 2 carreras para dejar al Magallanes al campo.

Willie Mays y George "Garabato" Sackie

En el segundo juego, entre Santurce y Almendares del 13 de febrero, los boricuas pensaron que la medicina de nombre Rubén Gómez volvería a funcionar con pocos días de descanso para el lanzador en cuestión. No fue así, Rocky Nelson le conectó jonrón y los alacranes lograron fabricar 6 anotaciones en las primeras 6 entradas, Gómez explotó y se fue hasta con una mano lesionada, pero Santurce no se amilanó y en ese mismo sexto capítulo anotaron 3. A partir del octavo comenzó el desfile de lanzadores del Almendares, primero Donoso, después Munger y finalmente Lyons. En la misma novena entrada, Zimmer volvió a jonronear para empatar el desafío a 6 carreras y poco después vino el gran Willie Mays, quien sonó línea sólida, válida para empujar la decisiva y dejar al Almendares en el terreno. Así que Mays decidió dos juegos consecutivamente sin posibilidad de apelación. La anotación final 7-6, Santurce bateó 13 hits y el Almendares 9. La victoria correspondió al relevista Garabato Sackie. En este juego sucedió un incidente muy desagradable. El lanzador Roger Bowman de los alacranes había sido relevado en la octava entrada y al llegar al dugout descargó toda su furia con palabrotas, algunas ofensivas, sobre todo con el jardinero Earl Rapp, lo que al final provocó una riña muy gringa entre ambos. Rapp había mal fildeado dos batazos en esa entrada, así y todo, nada justificaba esa actitud agresiva de Bowman.

El día de los enamorados de 1955 transcurrió sin amor alguno para el Carta Vieja, apabullado por el Santurce (13-4), y para el Almendares, vencido por el Magallanes 6-4. Harry Chiti conectó jonrón por los del Santurce, equipo que bateó 16 imparables para respaldar la labor de Bill Greason y asegurar la tercera corona consecutiva para equipos boricuas y la cuarta en estas Series. Por su parte, los alacranes fueron fumigados nuevamente por Emilio Cueche, mientras que Joe Hatten no tuvo el dominio de su primera presentación y permitió ofensiva ganadora de los

Navegantes. Bragan aguantó demasiado a su compatriota, lo sustituyó en la sexta entrada cuando ya los venezolanos habían anotado 6 carreras, que le daba ventaja de 2 sobre el Almendares. El conjunto cubano había anotado la quiniela en el segundo capítulo por base a Héctor Rodríguez, mal tiro en viraje a primera de Cueche, con lo que el pelotero de Alquizar alcanzó la antesala, para luego anotar por sacrifly de Gus Triandos. Magallanes ripostó con igual similar, Televilla Skinner disparó hit, sacrificio y luego fly de sacrificio de Carrasquel. En la cuarta entrada hubo rally azul, hit de Rocky Nelson con un out, Mejías cedió el segundo out, pero Héctor nuevamente encendió cohete, a lo que le siguió Triando con jonronazo a la parte alta del jardín izquierdo. Nuevamente Magallanes ripostó con otra anotación por triple del cubano Pablo García y rolata impulsora de Finol. En el quinto se armó la algarabía venezolana, St Claire sonó hit; Cueche, otro gran bateador para ser lanzador disparó otro cohete que llevó a St Claire a tercera, Héctor pifió la devolución del jardinero Lee Wall, por lo que Cueche adelantó a segunda, rolata hit de Carrasquel; Cueche, indeciso en anotar, fue puesto out al querer regresar a la tercera, en cuyo round down, Carrasquel aprovechó para llegar a tercera, desde donde anotó por otro hit de Pablo García. En el sexto, llegó la puntilla por doble de Camaleón García, sencillo de Televilla por el campo corto, ahí entró Bragan para al fin sacar a Hatten, mientras Salivita lo relevaba y permitía rolata impulsora de St Claire. El partido concluyó 6-4 a favor del Magallanes.

La última jornada era de puro entretenimiento, aunque los Navegantes deseaban llevarse el segundo lugar y lo lograron cuando en el partido del cierre de la Serie vencieron al Santurce, su única derrota en la Serie, 7-2. Victoria para Joe Margoneri y perdido para Garabato Sackie. En este desafío, Willie Mays conectó su segundo jonrón de la serie. En el juego inicial de esta jornada final, los alacranes vencieron 3-2 al conjunto Carta Vieja. Fue un bonito duelo entre Gonzalo Naranjo por el Almendares y Ernie Lawrence por los de Panamá. Interesante hacer notar la raquítica ofensiva del equipo cubano, una constante en este torneo. Aquí cinco incogibles que incluyó el segundo jonrón de Triandos.

Equipo	**G**	**P**	**G/P%**	**Dif.**
Santurce	5	1	.833	-
Magallanes	4	2	.666	1
Almendares	2	4	.333	3
Carta Vieja	1	5	.167	4

Las derrotas del equipo cubano fueron ante lanzadores experimentados, dos de ellos grandeligas como fueron Rubén Gómez con los Gigantes de Nueva York y Humberto Robinson con los Bravos de Milwaukee. En cuanto a Cueche, excelente lanzador-bateador y jardinero, se mantuvo por buen tiempo jugando la Liga Internacional con los Reyes del Azúcar. No obstante, como quiera que se desea justificar, Bobby Bragan se llevó la peor actuación de conjunto de Liga Cubana en las primeras doce Series del Caribe en que Cuba fue representada. Santurce continuó con la dinastía de los conjuntos boricuas, pero esta sería una victoria final durante la llamada primera etapa que se prolongó hasta 1960. En lo adelante, las cosas cambiarían mucho.

En el orden individual hay que resaltar la labor ofensiva del prospecto de los Dodgers, Don Zimmer, desbordado al bate (20-8, .400 y 3 jonrones). Willie Mays bateó lo que quiso después de haber estado en un letargo de 14 vb sin hit, para al final conectar dos jonrones, empujar 9, anotar 6 y archivar un slugging de .855. Roberto Clemente no se quedó atrás (.577), mientras que

Clarkson (.313), Harry Chiti (.333) y Bob Thurman (.318) aportaron a la causa ofensiva a la hora buena.

La figura principal de la ofensiva venezolana fue el cubano Pablo García (12-6, .500), además de Jack Lohrke (.348 y slugging de .478), George Wilson (.381, 5 empujadas y 762 slugging) y Televilla Skinner (.280, con 2 jonrones y 4 empujadas. Por el Almendares, Rocky Nelson, a quien esta vez sí se le permitió jugar en la Serie, se llevó el liderato de bateo de la justa (18-8, .471), algo al parecer casi siempre destinado a bateadores de la Liga Cubana. Gus Triandos aportó en fuerza al bate, con par de jonrones y 7 empujadas. Por el Carta Vieja, fue el jardinero izquierdo Guildford Dickens el encargado de encabezar la ofensiva de su equipo (.364) y encargado de disparar los dos únicos jonrones del conjunto panameño.

En lo referido al pitcheo, sobresalieron Bill Greason, con sus dos victorias para el Santurce, además de la sólida presentación de Rubén Gómez en el partido inaugural de la Serie contra el Almendares. Sad Sam Jones igualmente aportó una victoria y un PCL notable (1.50). Por los Navegantes, José Bracho volvió a ser el consistente de siempre (2-0, PCL 0.53), mientras que Cueche tuvo menor suerte, pero aun así mostró clase (1-1, 2.00), no fue así para Monzant, el cual perdió un desafío. Por el Almendares, Hatten estuvo bien dentro de lo que cabe (1-1, 2.00), Gonzalo Naranjo lanzó muy bien el juego que se le encomendó (3.00 PCL), Munger, Donoso y Bowman estuvieron por debajo de sus posibilidades.

Líderes de bateo

C	Roberto Clemente	Santurce	8
H	Willie Mays	Santurce	11
2B	Don Zimmer	Santurce	2
3B	Pablo García	Magallanes	2
	George Wilson	Magallanes	2
HR	Don Zimmer	Santurce	3
CI	Willie Mays	Santurce	9
Prom.	Rockie Nelson	Almendares	.471
BR	Jack Lohrke	Magallanes	2

Bragan no pareció ser muy confiado con los brazos de los lanzadores cubanos, es posible que eso le haya pasado cuenta. Salivita no lo hizo mal, aparte de que la vida posteriormente demostró que era un mejor lanzador relevista. Por Panamá, Humberto Robinson, con su eterna misión de ganarle a los conjuntos representativos de Cuba. Esta vez a Victor Skystra no se le vio casi lanzar. Ernie Lawrence perdió dos juegos con marcadores muy apretados. Con equipos mejores ofensivamente, Lawrence podría haberse llevado la victoria.

Líderes en pitcheo

Entradas	Emilio Cueche	Magallanes	18
	Bill Greason	Santurce	
Ponches	Humberto Robinson	Carta Vieja	11
Salvados	Ray Dabek	Carta Vieja	1
Ganados	Bill Greason	Santurce	2
PCL	José Bracho	Magallanes	0.69

De esta forma, el Todos Estrellas quedó conformado de la siguiente manera:

C- Harry Chiti- Santurce
1B- Rocky Nelson- Almendares
2B- Jack Lohrke- Magallanes
3B- Buster Clarkson- Santurce
SS- Don Zimmer- Santurce
LF- Guildford Dickens- Carta Vieja
CF- Willie Mays- Santurce
RF- George Wilson- Magallanes
L- Emilio Cueche
Bill Greason
Sad Sam Jones

El mejor director fue Herman Franks del Santurce y el MVP correspondió a Don Zimmer.

VIII Serie del Caribe (1956)

"Para mantenerse jugando béisbol, uno tiene que aprender todos los días. Cuando dejas de sacar outs es mejor retirarse."
Anon.

Desde la temporada de 1945-46 cuando ganó el Cienfuegos no hubo más campeón de temporada que el Habana o el Almendares, cuyos dominios concluyeron con convincente victoria de los Elefantes del Cienfuegos en la temporada de 1955-56. Fueron nueve campeonatos consecutivos con Leones o Alacranes en la cima. El nuevo campeón sacó cómoda ventaja de 6 juegos sobre el Marianao y el Habana, mientras que el Almendares, esta vez guiado por Conrado Marrero, se apoderó del sótano y quedó a 10 juegos del primer lugar.

La victoria de los verdes se debió en primer lugar a su excelente pitcheo, con un dúo que le aportó 25 victorias, el novato del año, el pinareño Pedro Ramos, con 13 triunfos, y el curveador Camilo

Pascual con 12, quien por su bajo PCL logrado se llevó con razón el MVP del torneo. El trabajo de ambos se vio secundado por modestas labores de Sandalio Consuegra, René "Látigo" Gutiérrez y el oriundo de la Toscana, Italia, el ex-grandeliga derecho Marino Pieretti. La ofensiva, por su parte, fue bien repartida entre hombres como Curt Roberts (2B), Bob Boyd (1B), Humberto Fernández (SS), Archie "Pocopelo" Wilson (LF), Ultus Álvarez (CF) (líder en jonrones, con 10), además del experimentado receptor Rafael Noble. El equipo lo tenía todo y, al parecer, el mentor Oscar Rodríguez, no estuvo interesado en llevar ningún refuerzo para la VIII Serie del Caribe, que se disputó en Ciudad Panamá del 10 al 15 de febrero de 1956.

Además de los peloteros mencionados, el Cienfuegos llevó a Milton Smith defendiendo la antesala, Prentice Brownie como jardinero derecho, los también jardineros Pedro Cardenal, Juan Vistuer y Roberto F. Tapanes, los infielders Ossie Álvarez, Tony Campos, ausentes en la lista que da Figueredo en su libro, y Jorge López; los receptores Emilio Cabrera y Sergio García; y los lanzadores Seth Morehead, Lorenzo Oñate y Gene Bearden.

El representativo de Puerto Rico fue esta vez los Criollos de Caguas, dirigidos por Ben Geraghty, que contó con Bill Cash como receptor, Lou Limmer 1B, Daryl Spencer 2B, Víctor Pellot 3B, Félix Mantilla SS, mientras los jardines eran defendidos por Charles Harmon, Ramón Maldonado y Wes Covington. Los lanzadores fueron los conocidos Roberto Vargas, el dominicano Chichi Olivo, el zurdo Tom Lasorda, Bill Phillips y Desiderio de León. En el banco también estaban Eugenio Ramón Guevara, Luis Antonio de León, Rafael Zavala, Ray Murray, Juan Ramón Guzmán y Pedro Alomar.

Le tocó al Chesterfield representar a Panamá en su propio patio, conjunto dirigido por Standford Graham, los receptores Quilliam Queen, Byron y Thomas Hughes. En el cuadro estaban Elías Osorio (1B), Héctor López (2B), Clyde Parris (3B), Pablo Bernard (SS), Frank Austin y Eugenio Houradou, mientras que los jardineros fueron Bill Stewart, Danny Schell, Bobby Prescott, David Roberts, el eterno Joe Tuminelli y Galvin Byron. La lista de los lanzadores vino encabezada por Humberto Robinson, además de George Brunet, Don Elston, Jerry Davis, Russ Grimsley, Alberto Osorio, Wally Burnette y Marcelo Gordon.

El Valencia representó a Venezuela y su director fue el cubano Regino Otero, probablemente de los tres mejores que haya tenido la Liga invernal de Venezuela en su historia, además del auxiliar cubano, el experimentado Reinaldo Cordeiro. El receptor fue Ed Bailey, Tommy Brown /1B), Howard Phillips (2B), Eduardo Monasterio (3B), Jesús Mora (SS), Inocencio Acosta; en los jardines, Ben Downs, y dos hijos del pelotero cubano Pelayo Chacón, Elio y Pelayito, Carlos Castillo, Antonio Martínez y Víctor García. Los lanzadores, Emilio Cueche, Julián Ladera, Francisco Cirimele, Ronald Mrozinski, Dick Farrell y Jim Pearce.

Esta vez el torneo se pintó de verde tempranamente, aquí el favorito estaba para imponerse, todos los entendidos sabían que era el Cienfuegos, equipo que tenía los tres componentes del juego muy bien ajustados. No hubo leones, ni alacranes, hubo elefantes de colmillo largo y tendido.

Regino Otero y Reinaldo Cordeiro

El lanzamiento de la primera bola estuvo a cargo del presidente de la República, Sr. Ricardo Arias. El juego inaugural, el viernes 10 de febrero en el Estadio Olímpico de Ciudad Panamá, tuvo al Caguas de Puerto Rico de rival contra el Valencia de Venezuela, donde los boricuas vieron a sus lanzadores recibir castigo a partir de la quinta entrada, para que la tropa de Regino Otero triunfara 6-1. En la séptima entrada de ese juego el receptor Ed Bailey del Valencia le conectó jonrón al zurdo Tom Lasorda, que, por cierto, fue el único que batearon los del equipo venezolano durante toda esta justa. La única de Puerto Rico y su único imparable en el partido fue por jonrón del jardinero Ramón Maldonado en el inicio del segundo inning sobre los envíos del ganador de este desafío, Dick Farrell, quien a partir de ese instante permitió que solo un bateador del Caguas se le embasara en los sucesivo. Los de Valencia conectaron 9 incogibles, a dos per cápita para Elio Chacón y Tom Brown. Dick Farrell se llevó la victoria y Paul Stuffel la derrota. A segunda hora los anfitriones enfrentados a los Elefantes, Camilo Pascual contra Ross Grimley. La ofensiva de los paquidermos fue abusadora realmente. Fabricaron racimo de 6 en el inicio de la cuarta entrada, en la cual intervino base a Noble, hits de Browne y Pascual, triple limpiador de bases de Curt Roberts, sencillo de

Bob Boyd, bases a Humberto Fernández y a Pocopelo Wilson, y nuevamente Noble al bate, quien disparó sencillo y trajo la sexta de ese rally. En el quinto dos más, sencillo de Milton Smith, doble de Browne y otro imparable del Curita Roberts. En el sexto, doble de Ultus Álvarez y jonrón de Milton Smith. Los panameños le anotaron dos en la cuarta entrada por jonrón de Danny Schell, y agregaron otras dos en el sexto por hit de Bill Stewart, base a Clyde Parris y doble de Queen. Camilo Pascual conectó 4 sencillos en ese juego y lanzó sin mucho esfuerzo a sabiendas del respaldo ofensivo que poseía. Final 13-5, con 16 hits del conjunto cubano, verdadero aviso a sus adversarios.

El sábado 11 de febrero, Cienfuegos se enfrentó al Valencia. Nuevamente la ofensiva verde se vio tempranamente al anotar 6 en el primer tercio de juego frente a los envíos de Emilio Cueche. Grave error de Regino Otero, pensar que la eficiencia de Cueche contra los cubanos se repetiría. El Almendares de la serie anterior no era ofensivamente nada comparada con la del Cienfuegos de 1956. Pedro Ramos abrió por el conjunto cubano y mantuvo a la artillería venezolana en 4 hits en las primeras 8 entradas, hasta que recibió severo castigo en el noveno cuando el juego marchaba 9-1 a favor del Cienfuegos. En el final de la novena entrada, con 2 outs, Látigo Gutiérrez entró a lanzar para sacar el out 27 con las bases llenas. Valencia anotó 4 y se quedó corta. El conjunto cubano abrió agresivamente al bate cuando explotaron al abridor Emilio Cueche en la misma primera entrada cuando le hicieron dos carreras. Julián Ladera lo sustituyó y soportó otras cuatro anotaciones disparó 13 incogibles, que sumado a los 16 del día anterior hacían un total de 29. Juan Vistuer jonroneó por el Cienfuegos en la octava entrada, mientras que el Curita se iba de 5-4 en este desafío. A segunda hora, Caguas venció 5-3 al Chesterfield con buena labor de Chichí Olivo en el montículo. Elias Osorio jonroneó por el Chesterfield y el inicialista Limmer por el Caguas.

Tercer día de justa, jornada dominical a base de Cienfuegos contra el Caguas en el primer turno, que fue el primer y único resbalón del conjunto cubano, que permitió al Caguas empatar en la cima. Sandalio "Potrerillo" Consuegra no pudo dominar a los boricuas, los que batearon 11 hits incluido tres cuadrangulares, de Víctor Pellot, Limmer y Maldonado nuevamente. Por los Elefantes ese día trabajaron los lanzadores Morehead, Pieretti y Bearden, única vez que pudieron hacerlo en esta serie. El Cienfuegos se vio dominado por Taylor Phillips y reaccionó algo en las postrimerías, pero no lo suficiente. La anotación final fue de 7-4. Recuerdo a Felo Ramírez y Buck Canel narrando este juego por la radio, me daba la sensación que nuevamente el equipo cubano sería derrotado por Puerto Rico como sucedió en la Serie anterior. Supongo que Oscar Rodríguez haya dicho que un juego lo gana cualquiera, pero no un campeonato. El segundo juego de esa jornada fue un duelo de pitcheo entre Jim Pearce de los Industriales de Valencia contra Don Elston del Chesterfield. El recordado grandeliga panameño, Héctor López, hombre que llegara a jugar con los Yankees, disparó jonrón para poner a su equipo adelante. El Valencia empató en la cuarta entrada, por lo que ambos equipos se fueron hasta la undécima entrada abrazaditos, hasta que el jardinero Bill Stewart sacudió una en zona buena para jonronear y darle la victoria al Chesterfield. Cada equipo conectó 7 incogibles.

La segunda vuelta comenzó el lunes 13 de febrero. Caguas salió a comerse al Valencia y lo logró con pateadura de 10-2. El defensor de la intermedia Daryl Spencer y el jardinero Charles Harmon jonronearon por los boricuas, que lograron disparar 14 imparables por 6 de los perdedores. Llegó el juego del cierre,

Chesterfield contra Cienfuegos. No es errado pensar en que los directores de equipos tengan sus corazonadas. Siempre uno recuerda a Casey Stengel al poner a Don Larsen a lanzar en el quinto juego de la Serie Mundial de 1956, todos sabemos lo que hizo ese lanzador ese día; la otra corazonada fue en la misma serie, el director Walt Alston de los Dodgers puso al relevista Clem Labine a lanzar en el sexto juego y logró la victoria con buen dominio sobre la ofensiva de los Yankees. Algo similar aquí ocurrió, el director Oscar Rodríguez designó a su relevista, el guanabacoense René "Látigo" Gutiérrez, para lanzarle al conjunto panameño, mientras que los locales pensaron en la victoria con el trabajo de Humberto Robinson, para quien esta vez no hubo mangos bajitos. La ofensiva del Cienfuegos respondió con una anotación en el tercer inning por imparable de Ultus Álvarez, sacrificio del Látigo y doblete del Curita. En el sexto, la fiesta fue mayor, hit del Látigo, error del receptor Queen en toque del Curita, sencillo de Humberto Fernández, base a Bob Boyd que trajo la segunda carrera de caballito, Pocopelo Wilson forzó al Curita en home, Noble cedió el segundo out, pero Milton Smith disparó sencillo impulsor de Humberto Fernández y Bob Boyd, y Ultus lo imitó con otro más que trajo a Pocopelo con la cuarta carrera de ese rally. En la octava entrada Pocopelo disparó su primer jonrón en la Serie. Finalmente, el Látigo lanzó espesa lechada de solo 2 hits. Ante las adversidades hay que crecerse y eso fue lo que los Elefantes hicieron.

René "Látigo" Gutiérrez y Rafael Noble

El martes 14 de febrero, día del amor, no creo que lo haya sido para el Valencia, equipo que tuvo que enfrentar al Cienfuegos y a Camilo Pascual a primera hora. El habanero recetó medicina de 4 hits y lanzó la segunda lechada consecutiva de su equipo. Ofensivamente el Cienfuegos anotó 3 en el tercero y para que no hubiera ninguna sorpresa, otras 4 en el noveno. El inicialista Bob Boyd y el jardinero Ultus Álvarez se encargaron de conectar de jonrón, ambos en la novena entrada. Turk Farrell del Valencia lanzó bien las tres primeras entradas al extremo de propinar tres ponches, pero en el cuarto Cienfuegos reaccionó por doble de Bob Boyd, sencillo de Archie "Pocopelo" Wilson, hubo dos imparables y un passed ball para concluir el rally de 3 anotaciones. En el noveno llegaron las otras cuatro por medio de los cuadrangulares ya mencionados. En el segundo turno, hubo sorpresa, el Chesterfield apabulló al Caguas 13-5 y ponía a este equipo en desventaja para poderse llevar el cuarto trofeo consecutivo de conjuntos boricuas en Series del Caribe. El dominicano Chichi Olivo recibió fuerte castigo y cargó con la derrota, mientras que la sonrisa fue para Ross Grimsley, lanzador que cubrió toda la ruta por el Chesterfield.

La jornada final del campeonato trajo el esperado encuentro entre Caguas y Cienfuegos. El Caguas necesitaba ganar para empatar y provocar un juego extra, a los verdes les bastaba con una victoria y terminar con el dominio boricua e iniciar el cubano. Pedro Ramos fue el abridor por los Elefantes y el derecho Paul Stuffel por el Caguas. En la misma primera entrada, Humberto Fernández disparó jonrón sobre las vallas del jardín derecho para marcar la primera del desafío. Cienfuegos anotó 3 más en el quinto por intermedio de bases al Curita y a Humberto, doble de Bob Boyd, con el cual explotó Stuffel, al rescate vino Taylor Phillips saludado con hit que trajo la tercera anotación de esa entrada. Ramos mantuvo su dominio con algunas situaciones comprometidas, ya que el conjunto boricua le llenó las bases tres veces en el juego, dos de ellas tempranamente, en el segundo y tercer innings, hasta que en la séptima Caguas anotó una por jonrón de Lou Limmer y repitió en la octava, pero se quedaron cortos. Caguas conectó 7 incogibles, Cienfuegos 5, pero ligaron mejor. Pedro Ramos reconoció la ayuda de sus compañeros ofensiva y defensivamente para lograr la victoria. Fue así que los Elefantes se coronaron campeones de la Serie del Caribe de 1956, la tercera vez lograda por un conjunto de la Liga Cubana.

En el desafío de despedida, Panamá volvió a desplegar una enorme ofensiva, con 16 imparables que se tradujeron en 18 anotaciones, o sea los del Istmo anotaron 31 carreras en los dos últimos juegos, y pensar que el Látigo los había dominado casi por completo. En ese último encuentro, el Chesterfield conectó cinco jonrones, dos de Osorio, uno de Clyde Parris, otros de Héctor López y de Danny Schell. Es de destacar que en esta serie se batearon 29 jonrones y 12 de ellos correspondieron al Chesterfield.

La tabla final del evento quedó como sigue a continuación:

Equipo	G	P	Prom.	Dif.
Cienfuegos	5	1	.833	-
Caguas-Guayama	3	3	.500	2
Chesterfield	3	3	.500	2
Valencia	1	5	.167	4

Ofensivamente el representativo cubano estuvo imponente. El veterano Rafael Noble promedió para .400 y se llevó el título de bateo, departamento casi exclusivamente reservado para peloteros en equipos cubanos. La única vez que lo perdieron fue en 1955 a manos de una estrella como Willie Mays. Noble también trabajó 11 bases por bolas y su slugging fue de .654, por lo que mereció el MVP de la justa. El curita Roberts promedió .375, con 6 anotadas y .542 de slugging; Bob Boyd logró promedio de .304 y 10 empujadas; Milton Smith disparó par de jonrones y su slugging fue de .522. Humberto Fernández anotó 10 carreras (líder).

Líderes de bateo

C	Humberto Fernández	Cienfuegos	10
H	Curt Roberts	Cienfuegos	9
2B	Daryl Spencer	Caguas	3
3B	Curt Roberts	Cienfuegos	1
	Archie Wilson	Cienfuegos	
	Jesús Mora	Valencia	
HR	Elias Osorio	Chesterfield	3
	Lou Limmer	Caguas	
CI	Bob Boyd	Cienfuegos	11
BR	Curt Roberts	Cienfuegos	2
Prom.	Rafael Noble	Cienfuegos	.400

En el Chesterfield sobresalió el bateo de poder del chitreano Elías Osorio, el que disparó 3 cuadrangulares, mientras que Héctor López despachaba dos. El bateo del conjunto representativo de Puerto Rico estuvo muy distante del alcanzado por su predecesor en 1955. La voz cantante esta vez estuvo a cargo del inicialista Lou Limmer, el que promedió .350, slugging de .850 y 8 empujadas; y el jardinero Ramón Maldonado, .348 con .696 de slugging. Los Industriales de Valencia estuvieron muy débiles en su bateo en general.

Regino Otero felicita a su compatriota Oscar Rodríguez por su victoria

En cuanto al pitcheo, Camilo Pascual se llevó los aplausos, 18 entradas lanzadas, 12 ponches y 2 victorias, que incluye una lechada. Pedro Ramos lanzó bien el juego decisivo y se llevó dos victorias al igual que su compañero Pascual, mientras que el Látigo Gutiérrez disertó contra la fuerte ofensiva del Chesterfield para pintarlos de blanco y llevarse el departamento de PCL inmaculado. Por el resto de los equipos, los de mejores desempeños fueron Don Elston del Chesterfield, quien ganó uno y no perdió, mientras que Taylor Phillips del Caguas hizo otro tanto en 19.1 innings de labor. El pitcheo del Valencia no fue el mejor, basta señalar que el eficiente Emilio Cueche esta vez permitió 17 limpias en 8 entradas lanzadas.

Líderes de pitcheo

JL	4 peloteros		3
JC	Camilo Pascual	Cienfuegos	2
Inn.	Taylor Phillips	Caguas	19.1
Lech.	Camilo Pascual	Cienfuegos	1
	René "Látigo" Gutiérrez	Cienfuegos	
	Wally Burnette	Chesterfield	
K	Camilo Pascual	Cienfuegos	13
BB	Paul Stuffel	Caguas	11
G	Camilo Pascual	Cienfuegos	2
	Pedro Ramos	Cienfuegos	
P	Paul Stuffel	Caguas	2
	Jim Pearce	Valencia	
G/P%	Camilo Pascual	Cienfuegos	1000
	Pedro Ramos	Cienfuegos	
PCL	René "Látigo" Gutiérrez	Cienfuegos	0.00

El triunfo clamoroso para los Elefantes, el mejor y el más inspirado de los que haya representado a Cuba en las Series del Caribe, como dijera Eladio Secades, se logró precisamente por la óptima combinación de ofensiva, defensiva y bateo.

Humberto Fernández, Camilo Pascual y Curt Roberts

El Todos Estrellas de esta justa se detalla a continuación:

C Rafael Noble Cienfuegos
1B Lou Limmer Caguas
2B Curt Roberts Cienfuegos
3B Víctor Pellot Caguas
SS Humberto Fernández Cienfuegos
LF Ramón Maldonado Caguas
CF Bill Stewart Chesterfield
RF Bobby Prescott Chesterfield
Lanz. Der. Camilo Pascual Cienfuegos
Lanz. Z. Ross Grimsley Chesterfield
MVP Rafael Noble Cienfuegos
Director Oscar Rodríguez Cienfuegos

IX Serie del Caribe (1957)

"La diferencia entre lo imposible y posible está en la propia determinación del pelotero."
Tom Lasorda

La temporada de 1956-57 trajo otro nuevo campeón, los Tigres del Marianao, el que logró sacar ventaja de 4.5 sobre el Cienfuegos, cuya actuación, sobre todo la del lanzador Camilo Pascual, fue bastante buena. Camilo tuvo imponente record de 15-5, con 6 lechadas, 153 ponches propinados y PCL de 2.04, lo que le valió su segundo MVP de forma consecutiva. De haber ganado Pedro Ramos 4 juegos más, tuvo temporada de 8-6, habría habido de todo en la pugna por el banderín, ya que a los Elefantes ofensiva no les faltó. Archie "Pocopelo" Wilson (.285), Curt "Curita" Roberts y Lorenzo "Chiquitín" Cabrera (.310) tuvieron faenas ofensivas destacadas para este conjunto. Marianao, el nuevo campeón, llevaba 20 años sin sonrisas. La primera vez que este conjunto ganó campeonato fue en la temporada de su debut en 1922-23, entonces guiado por su fundador, Merito Acosta, y sacaron ventaja de 3 juegos sobre el Habana y 8 sobre el Almendares. En 1936-37, bajo la dirección de Martín Dihigo, Marianao se llevó su segundo banderín, entonces con ventaja de 1 juego sobre el Santa Clara y 5.5 sobre el Almendares.

Esta vez los tigres vinieron dirigidos por Napoleón Reyes, destacado jugador de los Caribes en la Liga Nacional Amateur, ex-grandeliga e integrante de los equipos Cienfuegos y Almendares en la pelota profesional cubana, además de haber dirigido y ganado campeonato en la invernal venezolana con el Pastora. Esta fue la segunda temporada de Napoleón al frente de los felinos, la que contó con el efectivo bateo de Asdrúbal Baró (.307) y el gran Orestes Miñoso, líder de los bateadores (.312). Los jardines se completaron con el veloz ambidextro Solly Drake, quien aportó a la causa ofensivamente al liderar los departamentos de anotadas (52), bases robadas (12) y las de dobles (14), mientras que la receptoría era defendida por el grandeliga Hal Smith, y el cuadro por Julio Bécquer Villegas 1B, Patricio "Witty" Quintana 2B, Hal Bevan 3B y José Valdivielso SS, pelotero obtenido del Almendares a cambio de Tony Taylor. El cuerpo de lanzadores era encabezado por Miguel Fornieles, el futuro senador y miembro del Salón de la Fama, Jim Bunning, además de Rudy Minarcin, Bill Werle, Enrique Maroto, los zurdos Fred Hahn y Rodolfo Arias, y el legendario Conrado Marrero en la temporada de su despido como lanzador activo. Fornieles y Bunning acumularon 22 victorias, a 11 per cápita, el resto tuvo un desenvolvimiento inferior y a veces mediocre, por lo que un refuerzo de pitcheo parecía necesario, pero no lo hubo. Ese hombre se llamaba Camilo Pascual y es de dudar que él hubiera aceptado jugar con un equipo que le cambió por unos bates en medio de la temporada de 1953-54. Se dice y no se cree, así de buenos eran los entrenadores de pitcheo del Marianao, cambiaron al mejor lanzador en el último lustro de la pelota profesional cubana y un hombre que brilló en las Grandes Ligas.

Sin refuerzo alguno, Marianao se pintaba de favorito por jugar en terreno propio, el Grand Stadium del Cerro, pero los adversarios no era que vinieran a pasear. Por el siempre peligroso Puerto Rico vinieron esta vez los Indios de Mayagüez, dirigidos por Mickey Owen, que contó con Humberto Martí Ramírez, Bob Speake 1B, Bob Aspromonte 2B, Herb Plews 3B, B. Harrell SS y Félix Torres en el cuadro; Luis “Canena” Márquez, José “Tronquito” García y Gene Smith en los jardines; Pete Wojey, José “Pantalones” Santiago, Duke Maas, William de Jesús, Bob Smith, Florentino Rivera como lanzadores.

Venezuela esta vez fue representada por los Leones de Caracas y no vino dirigido por timonel cubano, el director del conjunto fue Clay Brian. La receptoría estaba a cargo de John Roseboro, Rudi Regalado 1B, Pompeyo Davalillo 2B, Luis “Camaleón” García 3B, Alfonso "Chico" Carrasquel SS, un cuadro de lujo, además de Fernando Basante, Luis Ávila y Albino Bob en la reserva. En los jardines estaban Tom Burgess, Bob Wilson, Luis Urdaneta y Jim Williams, todos de experiencia. Los lanzadores fueron los de siempre, Emilio Cueche, Julián Ladera, Bob Blaylock, Manuel Fernández, John Jancse, Margarito Suárez. Emilio Cueche, Julián Ladera, Bob Blaylock, Manuel Fernández, John Jancse, Margarito Suárez y Werner “Babe” Birrer. Realmente el conjunto venezolano tenía equipo para dar batalla y aspirar a su primer triunfo en serie del Caribe.

Panamá trajo al Cerveza Balboa como representativo, equipo dirigido por el experimentado receptor-director panameño, Edric Leon Kellman. Su cuadro era defendido por Harold Gordon 1B, Hiram Alonso Brathwaite 2B, Clyde Parris (3B),

Héctor López (SS). Los jardineros fueron John Glenn, Clarence Moore, Pedro Osorio y Reginaldo Grenald, Al Pinkston, mientras que entre los lanzadores estaban Winston Brown, George Brunet, el derecho holandés Allen Romberger, Ronnie Sheetz, Carlos Thome, Stanley Arthur y Bob Trice, quien también podía defender los jardines. A pesar de que muchos de los apellidos son de origen inglés, no nos confundamos, varios de estos peloteros son panameños, como son los casos de Brathwaite, Parris, Kellman, Reginaldo Grenald, Winston Brown y Stanley Arthur.

George Trautman por tercera ocasión, la segunda en Cuba lanzaba la primera bola de esta serie, que arrancó el sábado 9 de febrero con juego entre el Mayagüez y el Caracas, con el Grand Stadium del Cerro abarrotado, se calculó cerca de 45 mil aficionados allí reunidos. La primera bola fue lanzada por el comisionado de Grandes Ligas y también miembro del Salón de la Fama, Ford Frick. Ese primer juego fue una pateadura del Caracas sobre los lanzadores boricuas, que concluyó con anotación de 10-3, victoria para Babe Birrer y derrota para Bob Smith. Caracas conectó 14 hits, incluido jonrón del receptor Roseboro, mientras el equipo boricua disparó 7 entre ellos, jonrón de "Canena" Márquez. Caracas anotó 7 de sus carreras en las primeras cuatro entradas. Defensivamente el juego dejó que desear, Caracas cometió 2 errores por 3 de sus rivales. A segunda hora Jim Bunning puso a los panameños a comer de su mano, dispersó bien los siete hits permitidos, entre los que se incluye cuadrangular de John Glenn en la sexta entrada, única complicada para Bunning al permitir otro hit de Charles y regalar base a Pinkston, pero resolvió el asunto sacando los siguientes tres outs y ayuda de fildeo de Baró sobre línea peligrosa de Héctor López. Los tigres anotaron 3 en el cuarto cuando Solly Drake disparó hit, Baró lo imitó y Miñoso siguió la imitación para traer la primera, acto seguido Hal Smith tocó con idea de sacrificarse, pero su toque fue tan perfecto, que llegó safe a primera, bases llenas, Bécquer conectó Texas que trajo a Baró, pero Smith fue cogido en round down para el primer out, Miñoso a tercera y anotó con fly de sacrificio de Bevan. Es bueno señalar que en la tercera entrada el jardinero panameño Pedro Osorio le robó todo un extrabase al camarero cubano Witty Quintana. Marianao agregó la puntilla en el octavo, sobre los envíos del relevista Thome, por base y robo de Drake, con sencillo impulsor de Baró. El abridor del Balboa, el derecho Ronnie Sheetz, fue un digno rival de Bunning.

El Estadio del Cerro en la IX Serie del Caribe

Llegó el domingo 10 de febrero, fecha que no podré olvidar, era mi primera asistencia a juegos de Serie del Caribe en estadio. A primera hora, Mayagüez contra Balboa. No olvidaré la figura del gigante John Glenn patrullando el jardín derecho del Balboa, qué brazo tenía ese afro-estadounidense. Los boricuas batearon más y mejor, once imparables, para llevarse su primera victoria, esta vez 7-1 sobre el Balboa, equipo que cometió la barbaridad de 6 errores. El mismo lanzador, ganador del juego, el derecho Pete Wojey, jonronéo por el Mayagüez, a la vez que ponchaba a 12 bateadores y así empataba record para un serpentinero en estas Series del Caribe que ostentaba Humberto Robinson de Panamá, pero que lo había logrado lanzando once entradas y no nueve como Wojey. George Brunet cargó con la derrota. Los Tigres como visitantes se enfrentaron a los Leones de Caracas en el segundo juego, que abrieron los grandeligas derechos Bob Blaylock y Miguel Fornieles. El partido se fue tempranamente del lado de los Tigres, que tuvieron como mayor inspiración a Solly Drake, quien bateó de 4-4, además de realizar un fildeo de película. En la misma primera entrada Marianao mordió con 2 carreras sobre los envíos de Blaylock, mientras Caracas ripostaba en ese mismo inning por jonrón de Chico Carrasquel, que fue todo lo que le pudieron hacer al lanzador habanero, quien permitió un total de 3 incogibles. Marianao anotó 2 en el tercero y 3 en el séptimo para apuntalar la victoria y su invicto en la justa. El marcador final fue idéntico al del primer juego de esa fecha, 7-1.

El lunes 11 de febrero fue el día de las sorpresas, Caracas y Balboa se fajaron en un bonito duelo sostenido entre los derechos Emilio Cueche y Winston Brown. Balboa marcó en el primer inning por base a Glenn y batazo difícil de Brathwaite, el que Carrasquel recogió incómodo, pero tiró mal a la inicial, con lo que el gigante logró anotar la quiniela de este juego. No hubo más gracias a doble matanza iniciada por el siempre eficiente Pompeyo Davalillo. En la cuarta entrada, el jardinero Osorio conectó mansa rolata pifiada por Camaleón García, el receptor panameño Marcos Cobos forzó a Osorio y el inicialista Hal

Gordon disparó línea fuerte, la que al caer burló al jardinero central Wilson, con lo cual Cobos anotaba la segunda carrera del Balboa, ambas sucias, pero son válidas, así las lleves a la tintorería. Caracas amagó y logró anotar una en el séptimo por infield hit de Wilson, rolata de Williams al cuadro, que movió al corredor a segunda, hit de Regalado al jardín central, Wilson llegó a tercera, desde donde anotó cuando Camaleón cedió el segundo out con otra rolata dentro del cuadro. Caracas perdió 2-1 en buena medida al cometer 3 marfiladas.

Llegó el postre de la jornada, muy dulce para los boricuas y amargo para los cubanos. José Santiago fue el abridor del Mayagüez, uno que sabía cómo dominar a los conjuntos cubanos. Por el Marianao, Bill Werle fue el abridor, hombre que ese día no traía nada en sus lanzamientos. Los boricuas le marcaron 2 en el segundo por hit del jardinero izquierdo José "Tronquito" García, triple de Gene Smith y hit del inicialista Speake para concretar el par de carreras, pero pudo haber más, Aspromonte disparó hit y el receptor Martí convirtió su machucón en un incogible, se llenaron las bases y sin la sombra de un solo out. Napoleón no aguantó más y trajo a Vicente López. En honor a la verdad, Napoleón lo sacó por la enorme bulla del público cubano que pedía ducha para el norteamericano. Entonces sucedió un hecho inesperado, el lanzador José "Pantalones" Santiago conectó fly a lo corto del centro-derecho, al que Drake le entró bien para fildear y devolver al cuadro, la bola fue cortada por Julio Bécquer, el que se percató que Speake estaba fuera de base, pasó la bola a Bevan que se apresuró para tocarlo. Increíble, Aspromonte estaba también fuera de base, a metro y medio de la almohadilla de tercera, a Bevan le bastó con tocarlo, y se consumó la triple matanza por la extraña combinación de 8-3-5. En el sexto, Canena disparó triple y Tronquito lo trajo con hit, todo eso frente a los envíos de Vicente López, que fue más tarde sustituido por un bateador emergente, mientras que el zurdo Fred Hahn se hacía cargo del montículo y en el octavo le desprestigiaron el apellido (Hahn en alemán significa gallo). Tronquito nuevamente conectó doble, su tercer hit del juego, y Gene Smith sonó otro batazo que Baró mal fildeó, la bola se le fue entre las piernas, fatal, entraron 2 más y el gallo se fue a las duchas también. Entró Enrique Maroto, al que Canena Márquez le conectó jonrón en la novena entrada. Los del Mayagüez batearon 16 hits, mientras que el Marianao se iba con tres sencillos repartidos entre Valdivielso, Hal Smith y Julio Bécquer. Santiago ponchó a 8 y cedió una sola base por bolas. Marcador 6-0. Como escribiera Eladio Secades: "*Para blanquear a los cubanos en su patria hay que tener pantalones*", realmente los tuvo.

Esa victoria empató al Mayagüez con el Marianao en la cima, nuevamente un abrazo de los equipos de las dos alas de un mismo pájaro. Comenzaba la segunda vuelta, no carente de sorpresas. Nuevamente los venezolanos no creyeron en boricuas, Julián Ladera se encargó de dominar al Mayagüez, para lograr victoria final de 7-3. El equipo boricua tuvo una última inspiración en la novena entrada, cuando el marcador iba 7-1 a favor del Caracas. El productivo Tronquito disparó sencillo y el inicialista Speake disparó jonrón para poner el marcador final 7-3.

En el juego del cierre entre Marianao y Balboa, a Napoleón se le ocurrió abrir con el legendario Conrado Marrero, un hombre de muchos méritos en su carrera, pero no precisamente en la temporada de 1956-57, su última, por cierto. Es de imaginarse que el Guajiro de Laberinto por su coraje acostumbrado le haya pedido la pelota a Napoleón y que el timonel de los Tigres haya pensado en el milagro de la victoria, pudo haber sido, pero no fue, algo que se supo ya en la cuarta entrada.

Box score del juego Mayagüez vs Marianao (11 febrero de 1957)

P. RICO (Mayagüez)

	V.	C.	H.	O.	A.	E.
H. Plews. 3b.	5	0	2	1	1	1
W. Harrell. ss.	4	0	1	5	3	0
L. Marquez. rf.	5	2	3	3	0	0
J. Garcia. lf.	3	2	3	4	0	0
R. G.-Smith. cf.	5	2	2	1	0	0
R. C. Speake. 1b.	4	0	2	5	0	0
Aspromonte, 2b.	4	0	2	0	2	0
H. Martí, c.	4	0	1	8	0	0
J. Santiago, p.	4	0	0	0	0	0
Totales	38	6	16	27	6	1

CUBA (Marianao)

	V.	C.	H.	O.	A.	E.
J. Valdivielso, ss.	4	0	1	1	1	0
S. Drake. cf.	4	0	0	2	1	0
A. Baró. rf.	4	0	0	4	0	1
O. Miñoso. lf.	3	0	0	0	1	0
S. Smith. c	3	0	1	7	2	0
J. Bésquer. 1b.	3	0	1	6	2	0
H. Bevan. 3b.	2	0	0	3	3	1
W. Quintana. 2b.	3	0	0	2	2	0
B. Werle, p.	0	0	0	0	0	0
V. López, p.	1	0	0	1	1	0
O. Leroux. (a)	1	0	0	0	0	0
F. Hann. p.	0	0	0	0	0	0
R. Arias. p.	0	0	0	0	0	0
J. Delis (b)	1	0	0	0	0	0
E. Moroto, p.	0	0	0	1	0	0
Totales	29	0	3	27	13	2

(a) Ponchado por V. López en el sexto.

(b) Ponchado por Arias en el octavo.

Anotación por entradas

P. RICO	020 001 021—6
Cuba	000 000 000—0

Balboa volvió a apostar por su lanzador, el derecho Ronnie Sheetz, al que temprano los cubanos le marcaron dos por boleto a Solly Drake, robo de segunda, otro boleto a Baró, Miñoso se ponchó con una curva impecable, pero el receptor Hal Smith despachó sencillo al central que el jardinero Glenn dejó escapar, con lo cual anotaron Drake y Baró. En la cuarta entrada vino la rebelión panameña, Héctor López conectó imparable, Clyde Parris lo imitó, Osorio se sacrificó, jugada muy discutible, ya que no había out y era bateador de fuerza. López entró por hit del receptor Cobos y Marrero se fue a las duchas, su lugar lo ocupó el que debió haber abierto este desafío, Jim Bunning, quien obligó a Gordon a batear para doble play, cuya jugada en la inicial fue muy discutida, y nuevamente tuvo como protagonista al árbitro venezolano Olivo, quien como de costumbre, aguantó toda la perreta del Balboa. No lo creerán, la ofensiva del Marianao estuvo silenciada completamente hasta la octava entrada, un solo hit, pero en el octavo el torpedero Valdivielso inició la entrada con sencillo, toque de sacrificio de Drake, ponche a Baró con passed ball intercalado, Valdivielso a tercera, y Miñoso sonó fuerte rolata por el mismo centro que trajo la tercera de su equipo. Marcador 3-1 a favor del Marianao. Panamá conectó 6 hits, pero solo uno frente a los envíos de Bunning. Sheetz volvió a demostrar clase y de haber tenido ofensiva de apoyo, habría merecido la victoria.

Esa victoria empató al Mayagüez con el Marianao en la cima, nuevamente un abrazo de los equipos de las dos alas de un mismo pájaro. Comenzaba la segunda vuelta, no carente de sorpresas. De nuevo, los venezolanos no creyeron en boricuas, Julián Ladera se encargó de dominar al Mayagüez, para lograr victoria final de 7-3. El equipo boricua tuvo una última inspiración en la novena entrada, cuando el marcador iba 7-1 a favor del Caracas. El productivo Tronquito disparó sencillo y el inicialista Speake disparó jonrón para poner el marcador final 7-3. En el juego del cierre entre Marianao y Balboa, a Napoleón se le ocurrió abrir con el legendario Conrado Marrero, un hombre de muchos méritos en su carrera, pero no precisamente en la temporada de 1956-57, su última, por cierto. Es de imaginarse que el Guajiro de Laberinto por su coraje acostumbrado le haya pedido la pelota a Napoleón y que el timonel de los Tigres haya pensado en el milagro de la victoria, pudo haber sido, pero no fue, algo que se supo ya en la cuarta entrada. Balboa volvió a apostar por su lanzador, el derecho Ronnie Sheetz, al que temprano los cubanos le marcaron dos por boleto a Solly Drake, robo de segunda, otro boleto a Baró, Miñoso se ponchó con una curva impecable, pero el receptor Hal Smith despachó sencillo al central que el jardinero Glenn dejó escapar, con lo cual anotaron Drake y Baró. En la cuarta entrada vino la rebelión panameña, Héctor López conectó imparable, Clyde Parris lo imitó, Osorio se sacrificó, jugada muy discutible, ya que no había out y era bateador de fuerza. López entró por hit del receptor Cobos y Marrero se fue a las duchas, su lugar lo ocupó el que debió haber abierto este desafío, Jim Bunning, quien obligó a Gordon a batear para doble play, cuya jugada en la inicial fue muy discutida, y nuevamente tuvo como protagonista al árbitro venezolano Olivo, quien como de costumbre, aguantó toda la perreta del Balboa. No lo creerán, la ofensiva del Marianao estuvo silenciada completamente hasta la octava entrada, un solo hit, pero en el octavo el torpedero Valdivielso inició la entrada con sencillo, toque de sacrificio de Drake, ponche a Baró con passed ball intercalado, Valdivielso a tercera, y Miñoso sonó fuerte rolata por el mismo centro que trajo la tercera de su equipo. Marcador 3-1 a favor del Marianao. Panamá conectó 6 hits, pero solo uno frente a los envíos de Bunning. Sheetz volvió a demostrar clase y de haber tenido ofensiva de apoyo, habría merecido la victoria.

A los Tigres les bastaba con ganarle al Caracas el juego del 13 de febrero, ya que George Brunet del Balboa pintó de blanco al Mayagüez, al dejarlos en 4 imparables, mientras que los de Panamá fabricaron 5. Era la primera lechada que recibía un representativo de Puerto Rico en Series del Caribe. Así, el juego de conclusión de la jornada revestía importancia para los de Cuba, pero las cosas no siempre son como uno quiere. Caracas marcó una en el segundo y otra en el tercero, ésta por jonrón de Bob Wilson, a costa de los envíos de Miguel Fornieles. El Marianao reaccionó en la parte baja del tercero, el abridor Babe Birrer retiró al octavo y noveno bateadores, pero Valdivielso sonó imparable, Drake le siguió con otro similar, Baró sonó uno por el mismo centro que trajo al torpedero matancero a la goma, y Miñoso no se podía quedar atrás para disparar el suyo, mientras Drake empataba el partido. Marianao amagó luego sin éxito, Birrer lograba siempre meter el brazo y poner cordura en la ofensiva de los Tigres. Fue en el séptimo que Balboa volvió a reaccionar, esta vez por base a Carrasquel, hit por la banda izquierda de Basante y otro de Davalillo, el cual Miñoso intentó fildear de cordón de zapato, le llegó en la puntica, pero la pelota se le fue a un lado, Carrasquel anotó, mientras que Basante anotaba por otro sencillo. Dos carreras de ventaja con un Birrer en forma en la séptima entrada. Orlando Leroux bateó de emergente por Fornieles, el gallo Hahn se hizo cargo del montículo, al que Roseboro y Carrasquel le batearon de hit con dos outs, base intencional al emergente Camaleón por Basante, Napoleón se llevó al gallo a las duchas a la vez que traía al criollo Vicente López, quien se encargó de ponchar al lanzador Birrer. Parte baja de la novena entrada, como decía Buck Canel, *no se vaya que esto se pone bueno*. Napoleón mandó a Juan "Cachano" Delís de emergente por Hal Bevan. El santiaguero roleteó por tercera, Camaleón le entró bien, pero la pelota se le cayó a la hora de tirar a primera. A esa hora no se pueden cometer errores. Witty Quintana sonó hit entre primera y segunda. Roseboro quiso sorprender a Delís en segunda y metió la bola donde no debía, ambos corredores avanzaron a segunda y tercera, esta última era el empate. Aldo Salvent bateó de emergente por Vicente López y sonó línea sólida al jardín izquierdo que trajo las dos necesarias para el empate. Salvent se corrió hasta segunda con el tiro a la goma. Emilio Cueche sustituyó a Birrer. Valdivielso tocó para sacrificarse, Regalado recogió y pensó en sacar a Salvent en tercera, pero el tiro fue malo, y el corredor cubano anotó la decisiva cómodamente y así dejar al Balboa en el terreno y en fase de llanto. Como se dice, la guapearon y la ganaron, esa es la realidad de este juego que coronó al Marianao campeón, segunda victoria consecutiva de un conjunto cubano en Series del Caribe y cuarta en general para los elencos cubanos.

En la jornada final, Winston Brown nuevamente dominó la ofensiva del Caracas, para que el Balboa se impusiera 4-0. Los panameños batearon 12 incogibles por 3 los perdedores. Lo interesante de este juego fue que los panameños alinearon con peloteros nacionales, no hubo extranjeros y eso tuvo sus motivos. Seis peloteros, a saber, Ronald Sheetz, George Brunet, el holandés Allen Romberger, Alfred Pinkston, John Glenn y Robert Trice habían pedido un pago extra por dieta, lo cual discutieron con los ejecutivos del Balboa, que inicialmente acordaron pagar, pero sucede que 24 horas después, esos mismos peloteros amenazaron al tesorero de la liga panameña con ir a una huelga en plena Serie del Caribe, lo que llegó a oídos del vicepresidente de la Liga, quien sin ninguna contemplación ordenó despedir a todos esos peloteros, no pagarle ninguna dieta extra e incluso retener el dinero que les correspondía por haber jugado en la Serie. Fue por esa razón que Panamá alineó con sus criollos de la siguiente forma: Gordon 1B, Brathwaite 2B,

Héctor López SS, Clyde Parris 3B, Osorio RF, Cobos C, Moore CF, Grenald LF, Brown P. Muchos apellidos anglo-sajones, pero todos eran panameños.

Box score juego Caracas vs Marianao, 13 febrero de 1957

VENEZUELA (Caracas)

	V.	C.	H.	O.	A.	E.
P. Davalillo, 2b.	5	0	1	2	4	0
R. Regalado 3a, 1a.	5	0	2	2	0	1
R. Wilson, lf	5	1	1	1	0	1
T. Burgess, rf.	4	0	0	3	0	0
J. Williams, cf	4	1	1	3	0	0
J. Roseboro, c	4	0	2	4	0	1
A. Carrasquel, ss,	3	1	2	4	1	0
F. Basante, 1a.	2	1	1	5	0	0
W. Birrer, p	4	0	0	0	0	0
L. García 1)	0	0	0	0	2	0
L. Urdaneta, lf	0	0	0	0	0	0
E. Cueche, p	0	0	0	0	0	0
Totales	36	4	10	24	7	3

CUBA (Marianao)

	V.	C.	H.	O.	A.	E.
J. Valdivielso, ss.	4	1	1	2	2	0
S. Drake, cf.	4	1	2	2	0	0
A. Baró, rf	4	0	1	2	0	0
O. Miñoso, lf	4	0	2	1	0	0
H. Smith, c	4	0	1	6	0	0
J. Bécquer, 1a	4	0	1	13	0	0
H. Bevan, 3a.	3	0	0	0	3	0
W. Quintana, 2a	4	1	1	1	2	0
M. Fornieles, p	2	0	0	0	3	0
O. Leroux a)	1	0	0	0	0	0
F. Hahn p	0	0	0	0	0	0
V. López, p	0	0	0	0	0	0
J. Delis, b)	1	1	0	0	0	0
A. Salvent c)	1	1	1	0	0	0
Totales	36	5	10	27	10	0

Anotación por entradas

Venezuela (Caracas)	011 000 200—4
Cuba (Marianao)	002 000 003—5

En el juego del cierre, Marianao derrotaba al Mayagüez 8-3. Ambos equipos batearon 11 hits cada uno. Marianao podría haber dado descanso a algunos de sus regulares y no lo hizo, pues era de honor ganarle al Mayagüez, como así sucedió. Bécquer jonroneó y Valdivielso disparó triple por los vencedores.

Tabla de posiciones

Equipo	G	P	G/P%	Dif.
Marianao	5	1	.833	-
Balboa	3	3	.500	2.0
Caracas	2	4	.333	3.0
Mayagüez	2	4	.333	3.0

En el orden ofensivo, Marianao contó con el bateo y corrido desbordante de Solly Drake, quien se llevó el título de bateo, hits, anotadas y bases robadas. Su labor fue secundada por Miñoso (.391) y Hal Smith (.273). Se puede decir que, sin ser una ofensiva abundante, la misma casi respondió a la hora buena, excepto en el juego que fueran dominados por Pantalones Santiago. La ofensiva panameña fue casi siempre modesta, donde sobresalieron el inicialista Hal Gordon (.412) y el camarero Archie Brathwaite (.333). Mayaguez, sin llegar a ser lo que otros equipos boricuas han logrado bate en mano, tuvo en el inicialista Bob Speake (.391), José "Tronquito" García (.364) y Canena Márquez (.375) a sus mejores exponentes barquillo en mano. Por los Leones de Caracas, Rudy Regalado (.292), Pompeyo Davalillo (.381) y Chico Carrasquel (.292) fueron los mejores a la ofensiva en su equipo.

Líderes de bateo

C	Solly Drake	Marianao	9
H	Solly Drake	Marianao	10
2B	John Roseboro	Caracas	2
3B	Cinco empatado		1
HR	Luis "Canena" Márquez	Mayagüez	2
CI	Orestes Miñoso	Marianao	7
	Hal Smith	Marianao	
BR	Solly Drake	Marianao	4
Prom.	Solly Drake	Marianao	.455

En cuanto a pitcheo, Marianao contó con sus dos ases, Jim Bunning y Miguel Fornieles, para poder hacerse de más de la mitad de sus victorias. Sin embargo, a la hora de hablar de este renglón, el aplauso se lo llevan los panameños, cuyos lanzadores disertaron incluso en las derrotas, como fue el caso del derecho Ronnie Sheetz, quien perdió dos juegos contra el Marianao, a los que siempre les lanzó bien. Un poco de ofensiva panameña habría revertido alguna de esas derrotas en victoria. Winston Brown estuvo grande, demostrado por sus dos triunfos y demostraciones en el montículo. Otro tanto a favor de George Brunet, quien ganó uno y perdió otro, pero lanzó para meritorio PCL de 1.75. Los boricuas tuvieron presentaciones impecables de José "Santiago" Pantalones, lanzador de un solo juego en estas cortas series, además del pitcheo de Pete Wojey, encargado de ponchar a 12 bateadores en el juego que ganó. Por Caracas sacó la cara el laborioso Emilio Cueche, quien no tuvo suerte o respaldo defensivo de sus compañeros. Las labores de Julián Ladera y Birren pueden ser catalogadas de buenas igualmente. Se puede decir que esta ha sido la Serie del Caribe, de las primeras doce, con más dominio del pitcheo.

Líderes pitcheo

Ganados	Winston Brown	Balboa	2
	Jim Bunning	Marianao	
K	George Brunet	Balboa	17
PCL	Emilio Cueche	Caracas	0.00

El Todos Estrellas fue conformado por:

Hal Smith	Marianao	C
Bob Speake	Mayagüez	1B
Pompeyo Davalillo	Caracas	2B
Clyde Parris	Balboa	3B
José Valdivielso	Marianao	SS
Orestes Miñoso	Marianao	LF
Solly Drake	Marianao	CF
Canena Márquez	Mayagüez	RF
Winston Brown	Balboa	Lanzadores
Jim Bunning	Marianao	
Napoleón Reyes	Marianao	Director
Solly Drake	Marianao	MVP

X Serie del Caribe (1958)

"En el béisbol como en la vida, todas las cosas importantes suceden en casa (home)"
Anon.

Nuevamente el Marianao se coronó campeón de la temporada 1957-58, equipo que vino mucho más reforzado que el de la anterior edición. El ambidextro Casey Wise jugó la segunda base, mientras que la antesala fue defendida por el ex-cienfueguero Milton Smith, el que se despachó a batear a sus anchas, para finalmente llevarse el liderato de bateo de la temporada (.320). José Valdivielso y Witty Quintana compartieron la posición del campo corto, mientras que Miñoso, Solly Drake, Juan Delís y Asdrúbal Baró se encargaron de la defensa de los jardines. Julio Bécquer fue el inicialista y el "anciano" Clyde McCullough, hombre que estaba en sus últimos días de juego activo, fue el encargado de recibirle a los lanzadores. En el cuerpo de pitcheo se incorporó a Bob Shaw, hombre que en realidad vino a sustituir al estelar Jim Bunning, además de Miguel Fornieles, Bill Werle, Bob Mabe, Rodolfo Arias, Ángel Oliva y Andrés Ayón entre otros.

La oposición al Marianao fue esta vez de parte del Almendares, que vino nuevamente dirigido por Bobby Bragan, el mismo que dirigiera a los Piratas de Pittsburgh en la temporada de 1957 y se encaminaba a realizar igual labor con los Indios de Cleveland en la temporada de 1958. Bragan trajo parte de su tropa de los Indios a jugar con el Almendares, entre ellos el receptor Russ Nixon, los infielders Larry Raines y Billy Moran, y el lanzador Dick Brodowski. Ni con ese refuerzo de tribu, Bragan pudo ganar. El Almendares quedó a 4 juegos del lugar de honor, el Habana a 5 y el Cienfuegos volvió a su vieja posición de sotanero. Camilo Pascual no pudo lanzar por limitaciones impuestas por los Senadores de Washington y por no estar bien físicamente, por lo que los Elefantes se tuvieron que conformar con el buen trabajo de su caballo de batalla, Pedro Ramos, el que logró ganar once desafíos.

Esta vez los Tigres se aconsejaron y decidieron llevar dos refuerzos a la Serie del Caribe. McCullough fue sustituido por Rafael Noble, mientras que el laborioso y efectivo Pedro Ramos se integró al cuerpo de pitcheo. Esta justa se jugó en el Parque Sixto Escobar de San Juan de Puerto Rico del 8 al 13 de febrero. Nuevamente los favoritos fueron el Marianao, flamante campeón de la IX Serie, y los locales, representados por los Criollos de Caguas, guiados por Ted Norbert, equipo que vino con un cuerpo impresionante de lanzadores, entre ellos el zurdo Juan Pizarro, José “Santiago” Pantalones, Bob Blaylock, Marion Fricano y Jerry Nelson, mientras que la ofensiva no se quedaba atrás, con Víctor Pellot Power en 1B, Félix Mantilla SS, Roberto Clemente, Bob Samford y Luis “Canena” Márquez en los jardines. El receptor regular fue Valmy Thomas.

Carta Vieja representó a Panamá, cuyo director fue el receptor Wilmer Shantz, secundado con los arreos por Marcos Cobos, en el infield estaban Héctor López, Bob Barron, Spider Wilhelm, mientras los jardines fueron defendidos por Whitey Schmidt, Johnny Kropf y Jim Glamp. El cuerpo de lanzadores estuvo encabezado por Humberto Robinson, además de Dave Benedict, Jim Umbricht, Bob Aylmer, Pedro Franco y Carl Duyser.

Venezuela fue representada por los Industriales de Valencia dirigidos por el cubano Regino Otero. Su cuerpo de lanzadores lucía fuerte y experimentado, Emilio Cueche, Ramón Monzant, Carrao Bracho, Julián Ladera y Marcelino Sánchez. El grandeliga Earl Battey fue el receptor, Lou Limmer 1B, Carlos Castillo 2B, Eduardo Monasterio 3B, Chico Carrasquel SS, mientras que Elio Chacón, Lennie Green y Bob Wilson se desempeñaron en los jardines.

Pedro Ramos y Rafael Noble como refuerzos del Marianao

La primera bola de esta justa fue lanzada por el Sr. Damaso Iglesias, entonces con 89 años de edad y uno de los pioneros en la enseñanza del béisbol en Puerto Rico.

El juego inaugural de la justa corrió a cargo del Marianao contra el Valencia, el que resultó victoria fácil de 10-2 para el conjunto cubano. Miguel Fornieles cubrió sin dificultades toda la ruta, mientras que Emilio Cueche fue castigado por la ofensiva cubana después de la primera entrada. Marianao marcó en el segundo por hit de Bécquer, doble de Noble, texas de Valdivielso y error del jardinero Green. En el sexto, Bécquer se embasó por error del jardinero Bob Wilson, ponche a Delís, Noble trabajó base por bolas, triple de Valdivielso y sencillo del lanzador Fornieles. Valencia ripostó por jonrón de Carrasquel. En el séptimo, otra ofensiva cubana, hit de Miñoso, y Cueche se fue a las duchas, Marcelino Sánchez entró al rescate, error de Castillo en tiro de Carrasquel sobre batazo de Milton Smith, out de Bécquer, sencillo de Delís, quien luego robó segunda, base intencional a Valdivielso, base no intencional a Fornieles, entró Smith de caballito, otra base a Casey Wise, otra más. Cirimele sustituyó al wild Sánchez, pero otro boleto más, este a Solly Drake, toda una diligencia de carreras, para colmo a Battey se le escapó la bola y Fornieles anotó desde segunda base. La fiesta de los caballitos terminó cuando Drake fue atrapado en intento de robo de segunda. Marianao disparó 13 hits por 7 de los derrotados, entre ellos otro jonrón de Elio Chacón. Los destacados al bate por los Tigres fueron Miñoso con 3 imparables y Valdivielso con 2 hits y 1 triple. Valencia cometió 5 errores, así no se puede ganar.

Los cuatro directores, de izq a der: Regino Otero, Ted Norbert, Napoleón Reyes y Wilmer Shantz

A segunda hora el zurdo Juan Pizarro, entonces con los Bravos de Milwaukee en la Liga Nacional, se encargó de poner al Carta Vieja a comer de su mano. A Terín solo le conectaron 2 imparables, concedió dos boletos, no le anotaron y ponchó a 17 bateadores, record para estas lides, mientras sus compañeros le apoyaban con ofensiva de 16 incogibles, buenos para fabricar 8 carreras.

En la siguiente jornada, Carta Vieja se desquitó a lo grande contra los Tigres, lechada de 4 hits de Humberto Robinson, mientras que el pinareño Pedro Ramos soportaba rally decisivo de 5 carreras en la parte baja de la quinta entrada. Los vencedores conectaron 9 hits. Caguas continuó su paso vencedor al ganarle al Valencia 6-1, con faena completa de 8 indiscutibles de Jerry Nelson y derrota para el grandeliga Ramón Monzant.

El 10 de febrero se enfrentaron Carta Vieja y Valencia, con victoria para los Industriales, los que conectaron 10 incogibles, válidos para fabricar 5 anotaciones, mientras Carrao Bracho amarraba cortico la ofensiva panameña, al permitir 6 imparables y 1 carrera, y así lograr su sexta victoria en estas justas, entonces líder absoluto en las Series. El conjunto venezolano anotó 2 en el cuarto inning por enorme jonrón de Wilson y otro seguido, igual de grande, del receptor Battey, todo eso frente a los envíos de Benedit. En el quinto, Carrasquel hizo lo suyo con otro jonrón, doble de Lennie Green y sencillo de Wilson.

Y llegó el plato fuerte de esa jornada, Marianao y Caguas, que nadie se piense que los Tigres estaban desganados, nada de eso. La gritería del público ese día era grande, los boricuas esperaban derrotar y seguir rumbo a un nuevo banderín en estas series, pero la realidad fue otra, partido muy disputado, que recuerdo por un incidente muy negativo, en lo que hay culpar al público que asistió ese día al Sixto Escobar. Los boricuas le cayeron encima al abridor Bob Shaw en el mismo primer inning por doblete a Sanford y enorme jonrón de Roberto Clemente. Marianao ripostó con una inmediatamente, doble de Casey Wise y par de rolatas de Drake y Miñoso fueron suficientes para la anotación frente a los envíos de José "Pantalones" Santiago. Marianao se fue arriba en la cuarta entrada al anotar 2 por base a Juan Delís, sencillo de Smith que llevó al santiaguero hasta tercera, mientras el otro santiaguero, Rafael Noble, lo llevaba a home con su incogible y Smith se corrió a tercera, desde donde anotó con rolata de Valdivielso. Shaw no permitió más libertades hasta el séptimo, cuando se combinaron doble de Pellot, error de Valdivielso en batazo de Thomas y largo triple de Mantilla. En la novena entrada, con el juego 4-3 a favor de los boricuas y lanzando "Pantalones" Santiago, Milton Smith recibió boleto, por lo que al rescate vino el derecho italo-americano Marion

Fricano, saludado efusivamente por Noble con sencillo, Witty Quintana bateó de emergente por Valdivielso y recibió pelotazo, bases llenas, Fricano se fue a las duchas. El relevista ahora fue la mejor carta de triunfo de los boricuas, Juan "Terín" Pizarro. Orlando Leroux bateó de emergente por Pedro Ramos y produjo fly a lo profundo del right-center, difícil de fildear, con lo que Smith anotó el empate, pero la bola se le había caído al jardinero Allen, por lo que las bases continuaron llenas y fue ahí donde surgió la protesta de los boricuas, o sea que la bola se cayó al iniciar el movimiento de tiro y no en el fildeo de la misma. Los árbitros desestimaron la misma, decretaron hit, y el público se desbordó lanzando cuanto objeto tenían a mano. Triste para Buck Canel narrar ese incidente, todavía lo recuerdo. El juego se detuvo durante 20 minutos, pero la ira no cesaba, por lo que el árbitro principal, el venezolano Olivo, al que parece que siempre le ha tocado bailar con la más difícil, no tuvo otra alternativa que suspender el partido para su reanudación al siguiente día con Casey Wise al bate, quien recibió boleto para empujar la victoria del conjunto cubano en las piernas del corredor emergente, el lanzador camagüeyano Rudy Arias. La victoria correspondió a Pedro Ramos como relevista y la derrota a Fricano.

Comenzó la segunda vuelta y las penas para el Marianao continuaron, esta vez al ser derrotados por el Valencia y una formidable presentación de Ramón Monzant al permitir solo 2 hits, de Drake y Noble, y una anotación, para lograr victoria de 8-1. En la misma primera entrada los venezolanos cayeron sobre los envíos del abridor Miguel Fornieles, por base a Chacón, hit de Carrasquel, error de Milton Smith en batazo de Wilson, con lo que Chacón anotó, out de Battey, base intencional a Limmer, roletazo de Monasterio, que le dio en el pecho a Smith y se internó en lo profundo del izquierdo, con lo que las bases se limpiaron. En el segundo acto, nueva agresión venezolana, ponche a Chacón, batazo de Carrasquel que Drake confundió y la bola le picó delante, batazo de Green que Bécquer no pudo retener, el corredor llegó a segunda y el Chico a tercera, base intencional a Wilson, y Battey disparó encendida línea de doble para limpiar nuevamente las bases. Fornieles se fue a las duchas, al rescate vino el entonces joven, oriundo de San José de las Lajas, Ángel Oliva, a quien Limmer saludó irrespetuosamente con sencillo que trajo la cuarta carrera de ese segundo capítulo. La honrilla de los Tigres por doble de Drake y sencillo de Noble al central. Oliva lanzó 5,1, le conectaron 6 hits, concedió 2 bases y no permitió anotación. Werle cerró por el Marianao, quien solo otorgó una base y cero hits.

El segundo juego de esa jornada fue de lágrimas para los boricuas, los que lograron perder dos juegos en un mismo día, primero el pendiente con el Marianao, y luego este contra Panamá. Igual demérito se llevó el lanzador Fricano al cargar estas dos derrotas del día. No hubo casualidad, la ofensiva panameña fue despiadada, 11 hits y 11 anotaciones. Carta Vieja anotó una en el segundo por jonrón de Whitey Schmidt, el Caguas igualó en el cuarto por dobles de Pellot y Mike Goliat, pero los panameños fabricaron rallies de 3 anotaciones en el quinto y el sexto innings. Kropp y Bartirome llevaron la voz cantante de esa ofensiva con 3 hits cada uno, mientras que el lanzador de los Atléticos, el zurdo Carl Duser diseminaba los 9 incogibles boricuas, para así llevarse la victoria 11-2, y poner al Caguas en situación incómoda para poner ganar la presente serie. La tabla de posiciones mostraba en ese momento empate de 2 victorias y 2 derrotas de todos los equipos participantes. Así que a partir de ese momento se imponía ganar los dos restantes para optar por la victoria final.

Ramón Monzant vitoreado por la afición después de vencer al Marianao

Eso fue lo que hizo el Marianao, salir a aplastar al adversario. Batearon 17 hits y anotaron 15 carreras, todo un festival ofensivo a costa de los lanzamientos de los serpentineros del Carta Vieja. La voz cantante la tuvieron los ambidextros, Solly Drake con triple y par de dobles, y Casey Wise con doble y otros 3 sencillos. Fue un KO en toda regla, 5 carreras en el inning de apertura, y 3 en cada una de las siguientes entradas. Los lanzadores panameños solo lograron 2 escones. Pedro Ramos lanzó cómodo y en gran forma, diseminó los 8 imparables que le conectaron, no dio bases y ponchó a 11 bateadores. Perdió la lechada en la novena entrada cuando Héctor López conectó hit, doble del emergente DeGrote y sacrifly de Barons al jardín central. El juego concluyó 15-1. Derrota para Jim Umbricht. A segunda hora, otro juego importante, Caguas contra Valencia, partido muy reñido y emocionante. Valencia anotó primero por intermedio de sencillos de Wilson y de Eduardo Monasterio sobre los envíos de Juan Pizarro, pero los locales se fueron arriba en el tercero con rally de 3 por imparable del mismo Pizarro, buen bateador y también jardinero, por cierto; triples de Canena Márquez, Roberto Clemente y doble de Pellot sobre los lanzamientos del abridor Emilio Cueche. El empate llegó en el cuarto capítulo por hit de Battey y jonrón de Limmer. En el quinto, el Caguas se fue arriba con 3 más, incluido tres incogibles, dos de ellos dobles de Márquez y Pellot. En el octavo, Valencia empató con 3 anotaciones producto de doble de Carrasquel, sencillos de Wilson y Battey, además de error del antesalista Guzmán. La decisiva en el noveno, lanzando Carrao Bracho, por hit de Márquez, su tercero del juego, base a Sanford, Clemente forzó en segunda, Regino Otero decidió entonces pasar intencionalmente a Víctor Pellot, el que tenía ya dos imparables en el juego, pero el relevista Carrao Bracho le acercó la pelota y el boricua conectó rolata por segunda y Carlos Castillo trató de buscar el doble play erróneamente, cuando el tiro debió ser a home. Se equivocó y le costó la victoria del Valencia, equipo que así quedaba eliminado, conjuntamente con el Carta de Vieja, de posibilidad de ganar la Serie. Pizarro lanzó 7.2, permitió 7 hits, 2 bases y 5 limpias, a la vez que propinó 12 ponches. El relevista "Pantalones" Santiago se llevó la victoria, al dominar en 1.1 y no permitir libertades a sus rivales.

El jueves 13 de febrero fue el último día de la Serie, el primer juego era puro trámite entre Valencia y Carta Vieja, ya que el ganador del segundo juego se llevaría la serie irremediablemente. Carta Vieja, nuevamente con Humberto Robinson en la lomita, se impuso 5-2 al Valencia.

El juego decisivo y de despedida fue un tremendo duelo entre los derechos Bob Shaw, recién firmado por los Tigres de Detroit en esos días, y Gerry Nelson. Este desafío se decidió en el inicio de la novena entrada por toque de hit de Solly Drake, hombre que volaba en las bases, Miñoso disparó hit al izquierdo, Julio Bécquer tocó, el tiro fue a tercera para forzar a Drake, pero el antesalista tiró mal a segunda, no se entiende para qué, corría Miñoso, otro que volaba en las almohadillas. En definitiva, metió la bola en los jardines y el cometa anotó la quiniela, Bécquer llegó a tercera para seguidamente anotar con fly de sacrificio de Noble. Dos carreras que pesaban dos toneladas a esa hora. Bob Shaw salió a seguir con su casi hermético dominio, ponche al emergente Juan Pizarro, igual medicina para Canena Márquez y Samford roleteó a tercera y chirrín chirrán, Marianao campeón, victoria en el mismo San Juan de Puerto Rico, la tercera consecutiva de equipos cubanos, la segunda consecutiva de Napoleón Reyes y sus Tigres, primero en lograrlo, y el quinto trofeo para Cuba.

La ofensiva cubana se vio liderada por el camarero Casey Wise (.407), y los jardineros Solly Drake (.333) y Orestes Miñoso (.318). La de los boricuas se vio encabezada por los grandeligas Víctor Pellot Power (.458, 8 empujadas y .583 de slugging) y Roberto Clemente (.391, seis anotadas y .609 de slugging).

Tabla de posiciones

Equipo	G	P	Prom.	Dif.
Marianao	4	2	.667	-
Caguas	3	3	.500	1
Carta Vieja	3	3	.500	1
Valencia	2	4	.333	2

Bate en mano Héctor López del Carta Vieja demostró su clase (.474 de promedio y .609 de slugging). De fenomenal se puede catalogar la ofensiva del receptor Earl Battey (.435, con 4 impulsadas y .739 de slugging), no sin dejar de mencionar al campeón de bateo de la justa, Bob Wilson (24-12, .500), y al inicialista Lou Limmer (.381, con 2 jonrones, 5 impulsadas y .762 de slugging). El Valencia tuvo ofensiva realmente. Como detalle, el equipo cubano no disparó jonrón en esta justa.

Líderes de bateo

VB	Casey Wise	Marianao	27
C	Roberto Clemente	Caguas	6
H	Bob Wilson	Valencia	12
2B	Earl Battey	Valencia	4
	Víctor Pellot	Caguas	
	Valmy Thomas	Caguas	
3B	7 peloteros		1
HR	Lou Limmer	Valencia	2
CI	Víctor Pellot	Caguas	8
BR	Julio Bécquer	Marianao	2
Prom.	Bob Wilson	Valencia	.500
Slug.	Lou Limmer	Valencia	.762

El pitcheo cubano tuvo la suerte de tener un caballo de batalla como Pedro Ramos, el que logró 2 victorias y ponchó a 18 bateadores, mientras que Bob Shaw lanzó 16 entradas, no concedió boletos, tremendo control, ganó un juego y registró PCL de 1.69. Por el Carta Vieja se destacó de sobremanera Humberto Robinson, con 2 victorias, de ellas una lechada de 4 hits a costa del Marianao, y Carl Duser con un juego ganado y PCL de 3.00. La figura más destacada del pitcheo del Caguas fue Gerry Nelson, quien lanzó 18 entradas y permitió 3 carreras sucias. El pitcheo del Valencia tuvo actuaciones destacadas de Ramón Monzant, con su victoria sobre el Marianao, a los que dejó en 2 hits y una carrera, y de Carrao Bracho, el que ganó un juego y perdió dos, con PCL de 4.37. Emilio Cueche no se hizo justicia en esta justa, mientras Julián Ladera se desempeñó bien como relevista, al propinar 10 ponches en 10.1 lanzados.

El MVP correspondió al receptor del Valencia, Earl Battey. Sin quitarle mérito, esta selección no pareció muy acertada. El más valioso debe ser para aquel que más aportó al equipo que ganó la justa, y en este caso, Pedro Ramos, con sus dos victorias, o Solly Drake o Casey Wise con su ofensiva, merecieron este premio. Battey bateó, pero su equipo ocupó el sótano.

Líderes pitcheo

JL	5 lanzadores		3
JC	Humberto Robinson	Carta Vieja	2
	Gerry Nelson	Caguas	
Inn.	Humberto Robinson	Carta Vieja	18
	Gerry Nelson	Caguas	
K	Juan Pizarro	Caguas	29
Ganados	Pedro Ramos	Marianao	
	Humberto Robinson	Carta Vieja	2
Lechadas	3 lanzadores		1
Perdidos	Carrao Bracho	Valencia	2
	Marion Fricano	Caguas	
PCL	Gerry Nelson	Caguas	0.00
G/P%	Humberto Robinson	Carta Vieja	1000

El director del Todos Estrellas fue Napoleón Reyes, el resto de la selección quedó conformada por:

Earl Battey	C
Víctor Pellot	1B
Casey Wise	2B
Héctor López	3B
Chico Carrasquel	SS
Orestes Miñoso	LF
Roberto Clemente	CF
Bob Wilson	RF
Humberto Robinson	P

XI Serie del Caribe (1959)

"Hay cinco cosas que se pueden hacer en el béisbol: correr, tirar, fildear, batear y batear con poder."
Leo Durocher

Almendares retornó a su papel de campeón de la Liga Cubana en esta temporada de 1958-59, en la cual los azules se olvidaron de la existencia de Bobby Bragan y contrataron al experimentado Oscar Rodríguez como director del equipo, quien se vio auxiliado de otro con experiencia, como lo fue Clemente "Sungo" Carrera. El torneo esta vez se vio interrumpido del 1 al 7 de enero, ya que Fulgencio Batista había abandonado el gobierno y se había fugado a Santo Domingo, por lo que hubo una lógica y breve pausa en esa temporada.

Los Alacranes fueron a la Serie con un fuerte equipo a base Rocky Nelson 1B, Tony Taylor 2B (líder en hits y bateo, 88 y .303), Jim Baxes 3B (líder jonronero con 9), Willy Miranda SS, Edmundo Amorós, Carlos Paula, Ángel Scull y Bob Allison alternaron en los jardines, mientras Dick Brown (co-líder en dobles con 13) se hacía cargo de la receptoría por casi toda la temporada. El pitcheo tuvo a un Orlando Peña inmenso, ganó y completó 15 juegos. Otros destacados fueron el derecho Art Fowler (9-6) y el zurdo Tom Lasorda (8-3). Almendares le sacó 8 juegos de ventaja al Marianao, mientras Cienfuegos y Habana ocupaban posiciones lejanas de la cima. Esta fue la peor temporada para Pedro Ramos, al perder 13 juegos y permitir 159 hits. Camilo Pascual pudo lanzar, pero físicamente no es que se hallara del todo bien, por lo que ganó 9 y perdió otros tantos, aunque lideró con su curva el departamento de ponches propinados (108). Héctor Rodríguez conectó el hit 1000 de su carrera en la Liga Cubana al mismo Camilo Pascual el 18 de enero de 1959, mientras que Tony Taylor fue el único bateador que logró rebasar el promedio ofensivo de .300.

Tres Grandesligas en el Almendares: Camilo Pascual, Orlando Peña y Leopoldo Posada

El conjunto azul fue a la XI Serie del Caribe, disputada en Caracas, Venezuela, con un solo refuerzo, Camilo Pascual. Mejor selección no podía ser, un abridor de lujo, ganador demostrado en la VIII Serie en Panamá (1956). El director Oscar Rodríguez sufrió un infarto en los últimos días del campeonato, por lo que Sungo Carreras le sustituyó.

Nuevamente los venezolanos tuvieron esperanzas en su primera victoria en Series del Caribe, sobre todo al jugar en su propio terreno. El equipo Oriente sería su representativo, dirigido por Kerby Farrell, que contó con Allan Jones C, Norm Cash 1B, Jerry Snyder 2B, Luis "Camaleón" García 3B, Elio Chacón SS (por lesión sustituido por Teodoro Obregón), además de José R. Ocanto y Pantaleón Espinosa. En los jardines estaban Rod Graber, Aquiles Gomes, Leopoldo Tovar, Aureliano Patino,

Ricardo León, mientras que los lanzadores fueron Werner "Babe" Birrer, Marcelino Sánchez, Jim Owens, Ramón Monzant, Valentín Arévalo, Dave Hoskins (también OF) y Nicolás Berbesia.

Los Cangrejeros de Santurce representaron a Puerto Rico. Su director fue Ramón Concepción, con Valmy Thomas C, Orlando Cepeda 1B, Víctor Pellot 2B, José Pagan 3B, Antonio Alomar SS, los jardines fueron defendidos por "Nino" Escalera, Bob Lennon, Jackie Brandt y Ramón Maldonado, mientras que los serpentineros fueron Rubén Gómez, Marion Fricano, Lloyd Merritt, Luis "Tite" Arroyo, Pete Wojey y Julio Navarro.

El Cocle de Panamá vino dirigido por Lester Peden, quien también fungió como receptor secundado por Ramón Alston. El cuadro fue defendido por Elías Osorio (1B), Frank Austin (2B), Carlos Heron (3B), Eliah "Pumpsie" Green (SS), Joe Tuminelli y Owen Friend. Los jardines fueron defendidos por Gail Henley, Ken Hunt, Granville Gladstone, Oliver Hardy y Teófilo Peterkin, mientras que el pitcheo corrió a cargo de Stanley Arthur, Richard Luebke, Alberto Osorio, Richard Donnelly, Bill Slack, Vibert Ernesto Clark, Bud Black y Pete Mesa.

La serie se desarrolló del 10 al 15 de febrero de 1959 en el Estadio Universitario de Caracas. El capitán de navío, Manuel Rodríguez Olivares, miembro de la junta de gobierno de Venezuela, fue el encargado de lanzar la primera bola de esta justa. El primer juego de la justa fue entre el Santurce y el Almendares, todo un duelo, con Orlando Peña en la lomita de los alacranes y Rubén Gómez por los crustáceos. El tunero lanzó una pelota impecable, al extremo de permitir sólo par de hits en las primeras 8 entradas, pero su desgracia llegó cuando con dos outs en el noveno y ventaja de 1-0, Tony Alomar le conectó sencillo, el grandeliga Jackie Brandt le siguió con batazo extraviado por la línea del derecho, bueno para empatar el desafío, con el que Brandt llegó a tercera para un triple. A continuación, no había más remedio que pasar intencionalmente a "Peruchín" Cepeda y a Víctor Pellot, estrategia que se fue abajo cuando Bob Lennon conectó hit por el centro del terreno y así dejar a los alacranes tendidos en el terreno. La única del conjunto cubano se realizó en el quinto capítulo por sencillo del receptor Brown y doble de Jim Baxes, el cual fue puesto out tratando de hacer triple el batazo. Almendares disparó 7 hits por 5 de los boricuas. Peña ponchó a 3 y concedió 3 bases, mientras que Rubén Gómez otorgó un boleto y ponchó a 7 alacranes. A segunda hora, Oriente de Venezuela la tuvo que sudar gordo para llevarse victoria de 3-2 en 13 entradas sobre el Cocle panameño. El derecho Babe Birrer lanzó pelota de 7 hits y así archivó la primera victoria de los anfitriones. Cocle logró empatar en el noveno al anotar 2 carreras, pero en la décimo tercera entrada, Venezuela anotó la decisiva para dejar también a los panameños al campo.

Después de esa jornada sin mucha suerte, Almendares puso orden con el triunfo de Camilo Pascual sobre el Cocle 4-1. El habanero diseminó bien los 6 hits que le conectaron a la vez que mareaba a 7 bateadores adversarios con su endemoniada curva. Almendares había marcado una en el primer episodio, cuando con 2 outs, Edmundo Amorós le sonó triple al abridor Vibert Clark y con el error en la devolución, anotó la quiniela. Cocle ripostó en la segunda entrada por doblete del antesalista Heron con 1 out, ponche al jardinero derecho Gladstone, al que le siguió rolata difícil a la que Tony Taylor pudo llegarle y tirar incómodo, pero con puntería, el árbitro cantó safe y Rocky Nelson protestó fuertemente. Para que la Roca protestara, era porque el árbitro se había equivocado. Nelson no era hombre de protestas en el terreno. En lo adelante hubo duelo hasta que en el sexto los alacranes despertaron, Carlos Paula abrió con sencillo, passed ball de Peden, base intencional a Jim Baxes, jugada que no funcionó, Willy Miranda se encargó de limpiar las almohadillas con triple. A continuación, vino a batear uno de los lanzadores más ofensivos de la pelota cubana, el mismo Camilo Pascual, el que se encargó de impulsar al Willy con sencillo. Era lo suficiente para que Camilo se encargara de materializar la primera victoria azul, ya que retiró por su orden a los últimos 10 bateadores. Marcador final 4-1. En el juego final de la jornada, Oriente continuó su paso triunfador al dejar al campo al Santurce. Este juego fue de sube y baja, Puerto Rico anotó 2 en el segundo y Venezuela ripostó con 1 por jonrón de Norm Cash. En el sexto, 2 anotaciones más boricuas, una en el séptimo por Oriente por otro jonrón de Cash, mientras que Santurce anotaba otra más en el noveno, no hubo más, el relevista Marcelino Sánchez logró dominar a Cepeda con las bases llenas y 2 outs en esa entrada. En esa ofensiva boricua intervino el primer jonrón de "Peruchín" Cepeda, mientras que Pagan y Thomas conectaban 3 y 2 hits, respectivamente. Con el juego 5-2, comenzó la segunda parte del noveno, lanzando el abridor Tite Arroyo, Snyder abrió con hit por el campo corto, Jones le siguió con metrallazo al izquierdo, con el cual Snyder ancló en tercera, Camaleón siguió la fiesta con otro trueno, Nino Escalera se enredó con la pelota y los corredores adelantaron una base. Vino Pete Wojey a relevar, al bate le tocaba a Norm Cash, quien volvió a responder con hit impulsor de dos anotaciones que empataban el desafío a 4. Leopoldo Tovar se sacrificó perfecto, con lo que Cash adelantó a segunda, Jesús Mora conectó hit dentro del cuadro, con el que Cash pasó a tercera. Ya pueden imaginarse cómo estarían las gradas, el bullicio del público a favor de su equipo. Hoskins fue pasado intencionalmente y las bases se llenaron, le tocó el turno al torpedero Teodoro Obregón, quien empujó la bola hacia el jardín derecho para anotarse hit impulsor de la decisiva.

La escena quedó preparada para el esperado Almendares vs Oriente el 12 de febrero. El primer juego de ese día fue entre Santurce y Cocle, donde la ofensiva boricua se impuso con anotación de 9-3. Santurce conectó 16 hits. Marion Fricano, el lanzador que en la serie anterior se había anotado record negativo de dos derrotas en un mismo día, se encargó de cubrir toda la ruta sin problemas. Le anotaron 3 en el cuarto episodio y después controló a los adversarios, a la vez que sus compañeros despachaban 15 hits, 3 de ellos de Peruchín Cepeda. El lanzador derrotado fue Alberto Osorio. Y llegó el juego añorado, los anfitriones con sus sueños de victorias, pero se tuvieron que enfrentar a Art Fowler en tremenda forma, mientras que Ramón Monzant pretendía reeditar su victoria de la pasada serie contra el Marianao y en el sexto flaqueó cuando la artillería de los alacranes le marcó 4 anotaciones. Previamente, en el tercer episodio, Monzant abrió con hit de machucón, Obregó lo llevó a segunda con sencillo al izquierdo, batazo sobre el cual Carlos Paula cometió error y posibilitó la anotación de Monzant con la quiniela. Fowler metió el brazo y obligó a Snyder a batear para doble play y dominar a Hoskins con rolata al cuadro.

En la sexta entrada, Tony Taylor la puso viajar por el mismo centro, a más de 420 pies, enorme cuadrangular, base a Amorós, sencillo de Rocky Nelson, hit de Paula al derecho y Monzant se fue a las duchas, esta vez no era días de milagros. Jim Owens relevó y el receptor Jones cometió passed ball, la Roca anotó y Paula se corrió a segunda, out intercalado de Dick Brown, Willy Miranda sonó hit al derecho y Fowler entregó el tercer out. En el octavo, los alacranes volvieron a picar, lanzaba Arevalo, base a Brown con un out, Fowler fue dominado, Ángel Scull se embasó y robó segunda, base a Taylor y Arevalo a las duchas también. Vino Marcelino Sánchez, Amorós recibió base y Willy entró de caballito con otra anotación, hit de la Roca trajo a Scull a home, base a Bob Allison empujó a Taylor también trotando. Las angustias terminaron cuando Baxes falló en fly a Norm Cash. Ahí no terminó todo, hubo tres picadas más en el noveno, donde intervinieron doble de Scull, a quien cariñosamente le llamaban el Negrito del Batey, y sencillo del también matancero Tony Taylor. Marcador final 12-2, victoria número 18 de los equipos cubanos sobre los conjuntos venezolanos en Series del Caribe.

El viernes 13 de febrero comenzó la segunda vuelta. Santurce venía decidido a llevarse nuevamente el triunfo sobre el Almendares, pero esta vez Orlando Peña estuvo aún más inmenso que en el primer juego, al lanzarles lechada de 5 sencillos, no conceder boletos y ponchar a 9 bateadores rivales. Su rival, el derecho Lloyd Merritt fue un digno oponente, que permitió 7 hits, incluida la carrera de la victoria en el inning de apertura. La anotación fue por otro doble de Ángel Scull y sencillo impulsor de Rocky Nelson. No hubo sorpresas y a los boricuas les tocó bailar con la derrota. El mejor bateador del desafío fue el hombre de Pueblo Nuevo, Edmundo Amorós Isasi, quien disparó dos incogibles. Se trataba de una serie de exhibición, donde la ofensiva y pitcheo de los cubanos brilló enormemente. Carlos Paula cometió un error que pudo haber costado para el Almendares, al final no pasó nada, pero el ex-grandeliga cubano, muy enfadado, golpeó fuerte un cristal de una caja, por lo que se lesionó y tuvo que ser sustituido por Bob Allison. En el segundo juego de esa jornada, Oriente volvió a batear a sus anchas, para derrotar al muy desmejorado Cocle, 14-5. La tropa venezolana disparó 22 incogibles, mientras los panameños respondieron con 13. El pitcheo panameño solo sacó

3 escones en ese desafío. El único cuadrangular de este partido lo conectó el jardinero Ken Hunt del Cocle, Norm Cash de Oriente empujó 6 carreras. Victoria para el derecho Dave Hoskins, hombre que jugara en las Ligas Negro para los Grises de Homestead, buen bateador zurdo que alineaba como séptimo al bate en este equipo. La derrota fue para Mike Donelly.

Ese mismo día por coincidencia, una selección cubana llamada Cienfuegos derrotaba al Oriental con la anotación salvaje de 29-4 en Managua, Nicaragua.

Llegó el día de los enamorados de 1959, aunque en béisbol el amor entre rivales no existe. Sungo decidió darle la pelota al zurdo Tom Lasorda, el cual era lanzador de modestos resultados, tenía experiencia y podía mantener dominio por un buen rato a la ofensiva rival. La tarea era vencer al Cocle, equipo sin victoria hasta ese momento en la serie. Los panameños querían ganar y pusieron a un joven lanzador, Pete Mesa, el que se mantuvo firme durante buena parte del desafío. Almendares volvió a marcar en el primero, base a Scull, texas de Taylor, wild pitch de Mesa y rolata difícil de Rocky Nelson que trajo a Scull con la quiniela. Lasorda lanzó bien las tres primeras entradas, pero en el cuarto, Green conectó hit dentro del cuadro, out intercalado y triple de Hunt, línea impulsora de Osorio, y esto fue todo para el zurdo de Norristown, Pensilvania. Al rescate vino otro zurdo, el futuro estelar Miguel Cuellar, quien en esa temporada con el Almendares había hecho presentaciones modestas. Cuellar obligó a Henley a batear para forzar en segunda y luego sorprenderlo en la primera por viraje. El empate no se hizo esperar, hit de Rocky Nelson, que fue sacado out en intento de llegar a segunda cuando la bola se le escapó al receptor del Cocle, base a Jim Baxes, pelotazo a Dick Brown y sencillo impulsor de Bob Allison. En el sexto, Almendares se fue arriba por hit de Baxes, toque de sacrificio de Brown, bases a Allison y a Willy, Carlos "Patato" Pascual, el hermano de Camilo, entró de emergente por Cuellar y conectó fly de sacrificio. A Cuellar lo sustituyó Fernando "Trompoloco" Rodríguez y a la altura de la séptima entrada con dos outs, fue sustituido por Art Fowler. Un rally de 3 en el octavo fue la garantía de la victoria almendarista, doble de Allison, base a Willy, toque perfecto de Fowler, las bases se llenaron, Pete Mesa se creció al dominar a los matanceros Scull y Taylor en batazos al cuadro y no permitir anotación, pero le quedaba otro matancero, el de más experiencia, Edmundo Amorós, el que le sacudió hit impulsor de Willy y Fowler a la goma. Marcador final 5-2, victoria para el relevista Cuellar. En el segundo desafío, Santurce quedó eliminado de la lucha por el triunfo en la serie al perder 5-3 contra el Oriente de Venezuela, equipo que anotó carrera en las piernas de Camaleón por boleto y par de errores de la defensa boricua. En el inning de la suerte anotaron 3 por doble del mismo Camaleón, hit impulsor de Mirrer, otros de Mora y Obregón, que llevaron a Rubén Gómez a las duchas. Julio Navarro entró como relevista, saludado por toque de hit de Graber que llenó las bases, mientras Mora anotaba por batazo al cuadro de Snyder. Marcador final de 5-3 y victoria para Birrer.

Llegó la jornada final, en la que Santurce le ganó 1-0 al Cocle, primer equipo en irse sin victoria en la historia de estas primeras series. Los boricuas batearon 4 hits y anotaron la única del desafío en la sexta entrada. Julio Navarro, quien diseminó 7 imparables panameños, cubrió toda la ruta para llevarse la victoria.

El juego decisivo y esperado entre Oriente contra Almendares, para el cual Sungo puso lo mejor de su cuerpo de serpentineros, Camilo Pascual, mientras que Jim Owens lo hizo por el equipo venezolano, castigado tempranamente, par de bases por bolas y doble impulsor de Rocky Nelson. En el sexto volvieron a anotar dos, donde se combinaron hits de Taylor, Rocky Nelson y Bob Allison. En el séptimo, agregaron 3 y en el octavo 1, para que nadie pensara en alguna sorpresa. Camilo no concedió boleto, permitió 4 hits, incluido triple de Mora, ponchó a 9 y le anotaron 2 en el octavo cuando el juego ya estaba del lado cubano. Muy lamentable un desagradable incidente ocurrido cuando faltaba un out para la victoria cubana. Había un par de serpentineros cubanos estirando el brazo cuando el público comenzó a ofenderlos, a lo que los cubanos, no debieron, así lo veo, respondieron tirando puñados de tierra al público. Se dejaron provocar y ahí se armó la grande. Los objetos al terreno llovieron, un periodista de la UPI fue golpeado y para colmo los agentes de seguridad les cayeron a porrazos a algún que otro árbitro.

Una imagen del tremendo disturbio, agentes de la seguridad junto con los peloteros del Almendares

De milagro se logró consumar el out 27 después de ese enorme disturbio. Victoria cubana por cuarta serie consecutiva y sexta de los conjuntos cubanos.

Tabla final de posiciones

Equipo	G	P	Prom.	Dif.
Almendares	5	1	.883	
Oriente	4	2	.667	2
Santurce	3	3	.500	3
Cocle	0	6	0.00	5

La ofensiva de los azules estuvo bien balanceada. Los mejores al bate fueron Carlos Paula (.462), Edmundo Amorós (.333), Rocky Nelson (.320, con 6 impulsadas), Tony Taylor (.346, con 3 bases robadas y slugging de 462) y Willie Miranda (.316). Incluso los que tuvieron promedios por debajo de .300, como fueron los casos de Ángel Scull, Jim Baxes y Dick Brown, lograron conectar oportunamente. Si bien el Marianao de la justa anterior no bateó jonrón, el Almendares de esta serie solo disparó uno monstruoso de Tony Taylor. El conjunto venezolano fue probablemente el más ofensivo que haya participado en estas primeras series, lo evidencia el hecho de haber anotado 32 carreras en los 6 partidos disputados. Los mejores en promedios ofensivos fueron Jesús Mora (.417 con slugging de ,583), Luis "Camaleón" García (.417 con slugging de .625). Mora y Camaleón co-lideraron el campeonato de bateo. Hay que agregar al inicialista-jardinero Norm Cash (.360 y slugging de .680), hombre que disparó dos jonrones e impulsó 11 carreras. Por el Santurce, se destacaron bate en mano, el receptor Valmy Thomas (.381) y el entonces joven Orlando "Peruchín" Cepeda (.333 y slugging de .625). Por el Cocle, la figura de major ofensiva fue Ken Hurt ((.304, .609 de slugging).

El pitcheo cubano se puede decir que solo tuvo un momento malo y fue cuando Tom Lasorda falló en el primer juego ante el Cocle, el cual se pudo remediar con el desarrollo del juego y los buenos relevos de Miguel Cuellar y Art Fowler. Orlando Peña estuvo inmenso en sus dos salidas, solo que en una la suerte no le acompañó, mientras que Camilo Pascual demostró su clase al ganar dos juegos, uno de ellos el decisivo. El mejor lanzador de Oriente fue Babe Birrer, quien ganó dos desafíos, propinó 18 ponches y lanzó 21.2. El resto de los lanzadores no estuvieron a la altura de la ofensiva de este conjunto, lo cual realmente le pasó factura en su lucha por el triunfo en la Serie.

Líderes de bateo

VB	Jerry Snyder	Oriente	29
C	Ángel Scull	Almendares	6
	Jackie Brandt	Santurce	
H	Jesús Mora	Oriente	10
	Luis "Camaleón" García	Oriente	
2B	Jima Baxes	Almendares	3
	Luis "Camaleón" García	Oriente	
3B	Jesús Mora	Oriente	2
	Orlando Cepeda	Santurce	
HR	Norm Cash	Oriente	2
CI	Norm Cash	Oriente	11
BB	Edmundo Amorós	Almendares	7
SO	Granville Gladstone	Cocle	9
BR	Tony Taylor	Almendares	3
Prom.	Jesús Mora	Oriente	.417
	Luis "Camaleón" García	Oriente	
Slug.	Norm Cash	Oriente	.680

La mejor carta del Santurce fue Marion Fricano, que completó y ganó un juego. El pitcheo de Bud Black del Cocle puede considerarse de bueno, perdió un primer juego contra el Almendares 4-1 y luego otro contra el Santurce 1-0. Stan Arthur perdió también cerradamente el primer juego de los panameños contra Oriente, 3-2, por lo que una mejor ofensiva habría cambiado los resultados tan adversos que tuvo este representativo panameño en esta justa.

Líderes de pitcheo

JL	Jim Owens	Oriente	3
	Ramón Monzant	Oriente	
JC	3 lanzadores		2
Lechadas	Orlando Peña	Almendares	1
	Julio Navarro	Santurce	
Inn.	Babe Birrer	Oriente	21.2
K	Babe Birrer	Oriente	18
G	Babe Birrer	Oriente	2
	Camilo Pascual	Almendares	
G/P%	Babe Birrer	Oriente	1000
	Camilo Pascual	Almendares	
PCL	Babe Birrer	Oriente	1.25

El Todos Estrellas quedó conformado por:

Valmy Thomas C
Rocky Nelson 1B
Tony Taylor 2B
Luis García 3B
Willy Miranda SS
Jesús Mora LF
Jackie Brandt CF
Norm Cash RF
Babe Birrer P
Camilo Pascual
Director Clemente "Sungo" Carrera

El MVP le fue adjudicado al jardinero-inicialista Norm Cash, baluarte ofensivo del Oriente de Venezuela en la justa.

Desde el punto de vista económico esta Serie fue todo un triunfo. Se recaudaron 250 mil dólares, por lo que cada pelotero del Almendares recibió 1300 dólares como premio por su victoria.

XII Serie del Caribe (1960)

"El béisbol es un juego, pero a su vez es un combate disfrazado, pues por toda su elegancia y su ritmo casi pausado, es violencia encubierta."

Willie Mays

Los Elefantes de Cienfuegos nuevamente se coronaron campeones en la temporada de 1959-60. Como escribiera Figueredo, esta edición de los verdes puede ser considerada como el equipo más fuerte que se haya presentado en la Liga Cubana. Su fortaleza radicaba en todos los aspectos del juego. Su ofensiva fue de tacto y largometraje. Aunque el único bateador sobre .300 y en todo el campeonato fue el campeón de bateo Tony "Haitiano" González (.310), los regulares lograron disparar la barbaridad de 72 cuadrangulares, record para estas justas, que promediaba a jonrón por juego. La voz cantante en batazos de cuatro vueltas en el equipo la llevó el gigante de los Cachorros de Chicago, George Altman, con 14, a uno del líder,

Panchón Herrera del Habana. Defensivamente los verdes tenían un equipo con versatilidad, Altman, Dan Dobek, Borrego Álvarez y Ultus Álvarez podían jugar la inicial como los jardines; Ossie Álvarez y Octavio Rojas alternaron en la segunda base; Don Eaddy, también de los Cachorros, defendió la antesala, mientras que Leonardo Cárdenas se hizo cargo del campo corto. En los jardines estaban además Haitiano González y Román Mejías, mientras que la receptoría estaba a cargo de Dutch Dotterer, quien ya había jugado para los Cubans en la temporada de 1956. En esa posición estaba también el entonces joven Joaquín Azcue y como tercer cátcher al veterano Rafael Noble. Los serpentineros fueron el trío integrado por Camilo Pascual, hombre que volvió a ganar 15 juegos, Pedro Ramos y Raúl Sánchez, con 12 victorias per cápita. Tony Díaz, Ted Wieand, Dagoberto Concepción, Pedro Carrillo y Héctor Maestri eran los que integraron el bullpen. Una característica de este conjunto fue la predominancia de peloteros cubanos. La guía del conjunto correspondió a Tony Castaño, quien ya los había dirigido en la campaña anterior. Cienfuegos le sacó ventaja de 12 a Marianao, 13 al Habana y de 25 juegos al Almendares, sencillamente caminó cómodo a la conquista del banderín, su segundo en el último lustro.

El refuerzo para los Elefantes fue de lujo, el lanzador Orlando Peña del Almendares, que había ganado 10 juegos en la temporada. No era secreto para nadie que los verdes iban de favoritos para ganar la XII Serie del Caribe, que se disputó del 10 al 15 de febrero de 1960 en el Estadio Nacional de Ciudad Panamá. La anterior cita en este país fue en 1956 cuando el mismo conjunto de Cienfuegos ganó la Serie (5-1), ahora se presentaba la oportunidad de reeditar la victoria para conjunto y país.

Puerto Rico estuvo representado por los Criollos de Caguas, cuyo director fue el también inicialista Víctor Pellot Power. Los receptores fueron Hector Valle y Frank Rivera; en el cuadro también estaban José Pagan 2B, Elwood Huycke 3B, Félix Torres SS; los jardines fueron patrullados por Orlando Cepeda, José García, Félix Mantilla, Tommy Davis, Herminio Cortez, Herman Davis, además de Roberto Vázquez, Luis De León, George Figueroa y Genito Toman en la reserva. Los lanzadores fueron Juan Pizarro, José "Pantalones" Santiago, Julio Navarro, Earl Wilson, George Brunet, Bob Giggie y Ray Ripplemayer.

Por Venezuela vinieron los Rapiños bajo la guía del receptor Lester Moss, quien en esa posición al campo se vio reforzado por Lester Pedden. El cuadro se presentó con Cedlio Prieto 1B, Bob Aspromonte 2B, Luis "Camaleón" García 3B, Luis Aparicio SS y Luis Añez, mientras que los jardineros fueron Willie Davis, Stan Miley, Al Grunwald, Pastor Romero, Roberto Zambrano, además de Teolindo Acosta, Alejandro Vargas y Gilberto Valbuena. El cuerpo de lanzadores estuvo integrado por Ramon Castellanos, Julián Ladera, Billy Muffet, Ed Hobaugh, Marcelino Sánchez, Rafael Meléndez, Marcos Barboza y Ted Bowfield.

Marlboro fue la representación panameña, equipo guiado por el también receptor Wilmer Shantz. Los otros defensores detrás del plato fueron Marcos Cobos y Abdiel Flyn. En el cuadro estaban Elias Osorio 1B, Pablo "Manito" Bernard 2B, Héctor López 3B, Lee Tate SS, Alonso Brathwaite, Eugenio Houradou y Ruthford "Chico" Salmón. Los jardineros fueron Stan Palys, Henry Mitchell, Bob Perry, Eddie Napoleón y Joe Caffie. El pitcheo presentó a Humberto Robinson, Leonardo Martinez Ferguson, Bob Milo, Bob Walz, William Kirk, Julio Borbón, José Lisondro y Ken Rowe.

La primera bola del evento fue lanzada por el presidente de Panamá, Ernesto de la Guardia. El juego inaugural fue Cienfuegos contra Rapiños de Venezuela. El abridor por los cubanos fue Camilo Pascual, quien no se presentó en su mejor día, ya que permitió 11 imparables y 5 limpias a sus rivales. A la altura de la octava entrada y con un out, Pascual fue sustituido por Orlando Peña, al que los venezolanos solo le conectaron un imparable, pero los Rapiños no soportaron la despiadada ofensiva de los Elefantes. El abridor Muffet permitió 9 hits, 7 carreras, solo una sucia en 6 entradas. El ataque de los verdes comenzó en la cuarta entrada por doble de Tony González y sencillos de Mejías y Altman. Venezuela ripostó con 3, donde se incluyeron sencillos de Davis y Aspromonte, y doble de Camaleón, pero los Elefantes volvieron a anotar 3 carreras por sencillos de Ossie Álvarez, Camilo Pascual (¡qué bate!), Don Eaddy, doble de Mejías, base intencional a Altman y rolata impulsora de Borrego. En el séptimo 3 más, base a Tony González, el tercer imparable de Mejías, con el cual Muffet se fue a las duchas, toque de hit de Altman (corpulento, pero corría como el mejor) sobre los envíos del efímero relevista Meléndez, el cual igualmente se fue a las duchas, sencillo impulsor de dos de Borrego sobre los lanzamientos de Marcelino Sánchez, Cárdenas bateó para doble play, pero Dotterer trajo a Altman con hit. En el octavo, Camilo explotó por base a Camaleón, sencillos de Prieto, Pedden y Hobaugh, sobre el cual Eaddy cometió error en tiro, vino al rescate Orlando Peña, quien sofocó la rebelión venezolana. Marcador final de 8-5 a favor del Cienfuegos y victoria para Camilo Pascual, su quinta en series del Caribe. A segunda hora, Caguas derrotó 4-3 al Marlboro, juego con duelo de Juan Pizarro por los boricuas, quien ponchó a 13 bateadores, pero en el noveno necesitó del relevo de Bob Giggie, ya que los panameños anotaron 2 y 1 carreras en la séptima y octava entradas, respectivamente, y al conceder boleto en el noveno, se le aplicó la grúa preventivamente. Por los panameños trabajó Humberto Robinson, quien se mantuvo durante 5 entradas y permitió 7 hits y las 4 carreras de sus rivales.

El 11 de febrero se enfrentaron Caguas y Cienfuegos, duelo a base de Earl Wilson por los boricuas y Raúl "Salivita" Sánchez por los cubanos. Los Elefantes anotaron rápido en la segunda entrada por base a Altman, Borrego quedó safe por error del antesalista y Leonardo Cárdenas despachó línea encendida entre center y right, buena para dos bases, con la que anotó Altman. Dotterer conectó fly de sacrificio y Borrego anotó la segunda del juego y de los cubanos. A partir de ahí hubo paz hasta la octava entrada. Wilson permitió un solo imparable de los verdes, aunque en ocasiones se le vio descontrolado, mientras que al derecho del Central Toledo le conectaban 4 hits. En la octava entrada, base a Ossie Álvarez, y Dan Dobek, un hombre que en la temporada jugó más banco que de regular, se encargó de disparar cuadrangular para traer dos más. En el noveno, los boricuas se quitaron la lechada por hit de Cepeda con un out y Tommy Davis rechazó una recta de Sánchez para sacarla e impulsar dos carreras, José García conectó de hit y Tony Castaño no esperó más para traer a Pedro Ramos, encargado de sacar el out 27. Marcador final 4-2. Increíble, los únicos dos hits del equipo cubano fueron 2 extrabases, ambos buenos para producir las necesarias para la victoria. En el segundo juego de la jornada Marlboro se destapó a batear, 21 hits, incluido dos jonrones de Héctor López, y uno per cápita de Bob Perry y Stan Palys, que se tradujeron en 16 carreras, mientras los venezolanos anotaban 3 veces, dos de ellas por jonrones de Camaleón García y Les Peden. Marcador final 16-3. La victoria fue a la cuenta de Robert Milo y derrota para Ted Bowsfield.

La primera vuelta de la serie concluyó el 12 de febrero, cuyo primer juego concluyó 6-4 a favor de los Rapiños sobre Caguas. De las 4 anotaciones boricuas, 3 fueron por jonrones de Tommy Davis, Elswood Huyke y Félix Torres. Venezuela rompió el marcador en el mismo inning de apertura por boleto a Aparicio, hits de Miley, Camaleón, anotó Aparicio, boleto a Pedden y cañonazo al izquierdo de Prieto impulsor de dos carreras más. Los boricuas ripostaron con una en el segundo por doble de Cepeda y sencillos de Davis y Huycke. En el sexto, Camaleón impulsó a Aspromonte con otra por doble, y aseguraron en el séptimo al anotar dos más, producto de doble de Romero, sencillo de Miley y error del picher Brunet. La victoria fue para el relevista Ed Hobaugh.

El segundo juego fue entre Cienfuegos y los anfitriones, donde el equipo cubano se mantuvo debajo en el marcador hasta el final del juego. El derecho Ken Rowe inició lanzando por el Marlboro, pero no pasó de la primera entrada cuando las bases se llenaron y le propinó pelotazo a Borrego Álvarez para la primera carrera del juego. Inmediatamente fue sustituido por Leonardo Martínez, el que obligó a su tocayo, Leonardo Cárdenas, a batear para doble matanza, y en lo adelante dominar a la artillería del equipo cubano hasta que Dan Dobek conectó su segundo jonrón de la justa, lo que ocurrió en el séptimo capítulo. Por el Cienfuegos el abridor fue el refuerzo Orlando Peña, al que Marlboro le anotó 2 en el primer inning por doble de Caffie y triple de Palys y hit de Héctor López. Caffie jonroneó en el tercer capítulo, y en el séptimo, otra más por doble de Tate, base intencional a Caffie y sencillos de Palys y Héctor López, todo eso sobre los envíos del relevista, el habanero Tony Díaz, quien entró a lanzar en la quinta entrada cuando Peña fue sustituido por el emergente Tony "Haitiano" González.

Cienfuegos amenazó con empatar en el séptimo, pero no lo logró. Después del jonrón de Dobek, Mejías conectó de hit y Altman le siguió con otro, que lamentablemente rozó a Mejías en su corrido, por lo que fue automáticamente out. Leonardo Martínez saltó y vino a lanzar el derecho Bob Walz y Borrego lo saludó con hit, pero Leo Cárdenas cedió el tercer out. Toda Panamá a la expectativa en el noveno, con 3 outs lograrían la victoria sobre el fuerte conjunto cubano. Don Eaddy abrió la entrada con línea entre left y center, base a Dobek, entró Kirk de relevo y ponchó a Román Mejías, pero Altman disparó cañonazo entre right y center, Eaddy anotó, y hombres en segunda y tercera, con un out, Kirk fue relevado por Humberto Robinson, le tocaba el turno a Borrego Álvarez. ¿Qué Ud. haría? ¿Pasar intencionalmente al bateador o lanzarle? El juego estaba 4-3, si lo pasaba no estaría poniendo nada extra, solo la posibilidad de la doble matanza, ya que empate y ventaja estaban en segunda y tercera. Detrás venía Leonardo Cárdenas, anulado en el juego, pero por eso que se llama probabilidad, podía desgraciar a cualquier lanzador, clase le sobraba. Wilmer Shantz optó por lanzarle a Borrego Álvarez y el pinareño respondió fuerte a esa falta de respeto, al poner la bola lejos y traer 3 anotaciones que dejaban a los panameños en el terreno. Cienfuegos mantuvo su invicto, mientras sus rivales iban empatados con 1 victoria y 2 derrotas per cápita. Con otro triunfo, los Elefantes ya se llevaban teóricamente el banderín de la Serie.

El segundo juego contra el equipo de Venezuela fue reñido en extremo. Pedro Ramos, quien no había estado bien de salud en esa serie, fue el encargado de abrir por los Elefantes. Sus compañeros fabricaron temprana ventaja de dos carreras por otro bambinazo de Borrego Álvarez con Altman en la intermedia por doble en la segunda entrada frente a los envíos del zurdo Al Grunwald. En la cuarta entrada, Willie Davis descontó una por jonrón. En el octavo vino el empate por sencillos de Grunwald (fue también bateador emergente en Grandes Ligas) y Prieto. Pedro Ramos fue sustituido por Orlando Peña con Aparicio al bate, el que se ponchó, pero Willie Davis nuevamente produjo el hit impulsor del empate. En el noveno, los venezolanos se fueron arriba por imparable de Camaleón, out intermedio, boleto a Grunwald, hit de Prieto que llenó las bases, otro lanzador, Muffet, salió a batear de emergente por Zambrano y conectó fly de sacrificio que trajo la ventaja. Cuba estaba abajo por una y llegó la segunda parte del noveno, todo el mundo en Panamá ya sabía que hasta el out 27 no había victoria con los Elefantes. El receptor Dotterer recibió boleto, Hiraldo Sablón, uno que volaba bajito, corrió de emergente, toque de sacrificio del santiaguero Ossie Álvarez (no es matancero como se reporta en baseball-reference, para detalles ver Ángel Torres en las fuentes consultadas), el guajiro de Cunagua, Tony "Haitiano" González, salió de emergente por el lanzador Peña y fue recibido "cariñosamente" con un pelotazo. Otro guajiro, este de Cumanayagua, Ultus Álvarez, corrió de emergente por el Haitiano, quien tampoco estaba bien de salud; con Don Eaddy al bate, Sablón robó tercera, luego anotó por sencillo del bateador, Dobek se ponchó, el número 13 que propinaba Grunwald a los bateadores del conjunto verde, pero Mejías se anotó infield hit por el campo corto, bases llenas, Altman barquillo en mano, Grunwald no controló sus lanzamientos para otorgar boleto y que Ultus anotara la carrera de la victoria.

En el segundo juego de esa jornada, Marlboro nuevamente se fajó con el Caguas para finalmente derrotarlos 8-7 y eliminar a los boricuas de posibilidades matemáticas de empate. El derrotado fue el grandeliga Juan Pizarro, a quien en 5.1 le batearon 9 imparables, incluido jonrón de Eddie Napoleón, y le anotaron 6 carreras limpias. Puerto Rico ofensivamente se batió al conectar 4 jonrones, dos de Félix Torres y uno per cápita de Cepeda y Tommy Davis. Ken Rowe se llevó la victoria al relevar a Humberto Robinson en la quinta entrada, mientras Walz salvaba al sacar los dos últimos outs del juego.

La victoria cubana estaba más que pintada, pero hay sus rivalidades, sobre todo las del Cuba con los equipos de Puerto Rico. El siguiente juego entre ambos conjuntos era como para despedirse, los boricuas llevaron al domador de cubanos José "Pantalones" Santiago al montículo, mientras que el Cienfuegos le recetó un Camilo Pascual. Esta vez Cienfuegos bateó a sus anchas, 12 imparables, anotó 4 carreras, mientras que el habanero permitía un imparable de Félix Torres y les daba espesa blanqueada, otra más en la carrera de Pascual en Series del Caribe, era su sexto triunfo en estas justas. En este juego hubo dobles de Octavio Rojas y Haitiano González, este último con 4 imparables en 5 vb y 1 impulsada, Borrego Álvarez despachó dos imparables más e impulsó otra. Bastaba ganar y asegurar el quinto triunfo consecutivo cubano, séptimo en la historia de las primeras doce series del Caribe.

Tabla final de posiciones

Equipo	**G**	**P**	**Prom.**	**Dif.**
Cienfuegos	6	0	1000	-
Marlboro	3	3	.500	3
Caguas	2	4	.333	4
Rapiños Venezuela	1	5	.167	5

A segunda hora, Panamá se fajó en otro encuentro con el de Venezuela, para finalmente vencer 7-6 en 12 entradas. Los anfitriones conectaron 15 incogibles por 12 de los derrotados. Bob Walz fue el lanzador ganador y Billy Muffet cargaba con su segunda derrota en la serie. Aparicio por los Rapiñeros, y Grunwald y Osorio por el Marlboro jonronearon en este partido.

La última jornada era de puro trámite, a primera hora, Caguas lograba su segundo triunfo sobre los Rapiños, 10-3, con jonrón de Frank Rivera por los boricuas. La victoria fue para Earl Wilson y derrota para Ed Hobaugh. Así, Caguas ocupó el tercer puesto y los Rapiñeros el sótano. El epílogo fue entre los anfitriones y los ya campeones cubanos, donde la tabla de los verdes aventajó a la de los panameños, 10-7. Realmente fue un juego descolorido defensivamente, 4 errores por Panamá y 3 por Cuba. La ofensiva cubana se vio liderada por el bateo de Octavio Rojas, el que conectó dos hits, incluido jonrón e impulsó 3 carreras, mientras que el receptor Joaquín Azcue, oriundo de Cienfuegos precisamente, impulsaba otras cuatro anotaciones. Pedro Ramos fue el ganador, quien trabajó 5.1, permitió 5 hits, 7 carreras, 5 limpias, ponchó a 5 y concedió 3 boletos. Orlando Peña lo relevó y solo permitió un hit a sus rivales. Por los panameños Leonardo Martínez fue el derrotado, a quien le anotaron 8 carreras en el mismo primer tercio del juego.

La ofensiva cubana estuvo bien repartida, donde sobresalieron Borrego Álvarez (.333 y .750 de slugging), el que disparó par de cuadrangulares que de hecho definieron dos victorias para los paquidermos; Dan Dobek disparó dos jonrones y su slugging fue de .800; Tony González (.429) no pudo jugar todo el torneo como regular, pero cuando lo hizo aportó ofensivamente, algo similar se puede decir del entonces joven Octavio Rojas (.429), mientras que Altman (.438) alternó y cuando jugó, bateó. La ofensiva panameña fue de las mejores, quedó en .288, una centésima menos que la de Cuba. Bate en mano se destacaron Eddie Napoleón (.439), el inicialista-jardinero Stan Palys, quien disparó 2 jonrones, impulsó 12 carreras y promedió .704 en slugging; Héctor López inmenso como siempre, promedió .370, disparó tres jonrones y empujó 10. Lee Tate fue otro grande, con 10 hits incluido 3 dobles y 8 anotadas. Los equipos boricuas siempre tuvieron buena ofensiva, esta vez no fue la excepción. Tommy Davis se llevó el liderato de bateo y co-lideró el de jonrones, a la vez que empujaba 6 anotaciones. Orlando Cepeda demostró su clase ofensiva, con promedios de .333 y .524 de slugging. Félix Torres se fue 3 veces de jonrón, mientras que el antesalista Huyke (.350) aportó a la causa del Caguas. La ofensiva de los Rapiños estuvo encabezada por ese grande de la antesala que fue Luis "Camaleón" García (.333) y por el jardinero Willie Davis (.333 y .593 de slugging).

El pitcheo del Cienfuegos estuvo encabezado por la labor de un gigante del montículo como Camilo Pascual, quien logró dos victorias, una de ellas por la vía de la blanqueada. Orlando Peña fue un refuerzo útil y laborioso, 4 veces salió al montículo, logrando una victoria y un juego salvado. Pedro Ramos estuvo indispuesto parte de la justa, así y todo, logró una victoria y un juego salvado, Raúl Sánchez ganó su juego, mientras que el gigante derecho Pedro Alfonso Carrillo, oriundo de Manacas, ganaba un juego en funciones de relevo.

El pitcheo panameño, sin llegar a ser brillante, tuvo aportes de Bob Walz, Ken Rowe y Bob Milo, este último muy laborioso durante toda la justa, mientras que por los boricuas Earl Wilson y Juan Pizarro, cada uno ganaba un juego y perdía otro. La debilidad del Caguas estuvo en su pitcheo. Por los venezolanos Julián Ladera se lesionó y Billy Muffet no pudo hacerse justicia, la única victoria de este equipo la logró Ed Hobaugh.

Líderes de bateo

VB	Román Mejías	Cienfuegos	28
C	Lee Tate	Marlboro	8
H	Stan Palys	Marlboro	10
	Héctor López	Marlboro	
	Félix Torres	Caguas	
2B	Lee Tate	Marlboro	3
3B	Willie Davis	Rapiños	2
	Orlando Cepeda	Caguas	
	Tommy Davis	Caguas	
HR	Héctor López	Marlboro	3
	Félix Torres	Caguas	
	Tommy Davis	Caguas	
CI	Stan Palys	Marlboro	12
BB	George Altman	Cienfuegos	6
	Lee Tate	Marlboro	
BR	Willie Davis	Rapiños	2
	Héctor López	Marlboro	
	Félix Mantilla	Caguas	
Prom.*	Tommy Davis	Caguas	.407
Slugging	Tommy Davis	Caguas	.818

**George Altman del Cienfuegos y Eddie Napoleón del Marlboro terminaron con promedios de .438, pero no tuvieron las veces al bate reglamentarias para llevarse el campeonato de bateo.*

Líderes de pitcheo

JL	Orlando Peña	Cienfuegos	4
	Bob Walz	Marlboro	
JC	8 lanzadores		1
Lechada	Camilo Pascual	Cienfuegos	1
Inn.	Billy Muffet	Rapiños	17
K	Juan Pizarro	Caguas	16
G	Camilo Pascual	Cienfuegos	2
G/P%	Camilo Pascual	Cienfuegos	1000
PCL	Camilo Pascual	Cienfuegos	1.10

El Todos Estrellas quedó integrado por:

Dutch Dotterer	C, Cienfuegos
Rogelio "Borrego" Álvarez	1B, Cienfuegos
José Pagán	2B, Caguas
Héctor López	3B. Marlboro
Lee Tate	SS, Marlboro
Stan Palys	LF, Marlboro
Tom Davis	CF, Caguas
George Altman	RF, Cienfuegos
Camilo Pascual	P, Cienfuegos
Bob Milo	P, Marlboro
Tony Castaño	Director

El MVP de esta serie fue un problema, unas fuentes dan a Camilo Pascual, otras al brooklinense Tom Davis. Es de inclinarse por Pascual por la sencilla razón que fue el único pelotero que recibió los 55 votos de la prensa para integrar el Todos Estrellas.

Fue la última vez que un equipo cubano jugó en Series del Caribe, pasaron años para su regreso, el cual no se puede calificar nada de triunfal. Fueron muchos cubanos destacados en estas primeras doce series, además de varios estadounidenses que rindieron mucho por la causa de los equipos representativos cubanos, algo que veremos en el siguiente capítulo.

Si hubiera habido XIII Serie del Caribe

Con anterioridad este autor había escrito: "*La serie del Caribe (la de 1961) se tenía que efectuar en Cuba, pero todos sabían desde octubre de 1960, que eso no sucedería. Ahora, si ese equipo hubiera podido jugar en dicha serie, tendría que haber sido reforzado en la intermedia, por ejemplo, Octavio Rojas, campeón de bateo de esa justa; un jardinero, que podría ser pasar al mismo Borrego Álvarez al jardín izquierdo, mientras que la inicial habría sido defendida por Julio Bécquer, líder en jonrones (15) y en impulsadas (50) de la temporada; y dos lanzadores, Miguel Fornieles y Orlando Peña. No era un equipo Cuba, era un Cienfuegos reforzado y listo para llevarse el cetro nuevamente.*"

Con más detalle, el conjunto que ganó la última temporada de la Liga Cubana estaba integrado por Joaquín Azcue como receptor, Borrego Álvarez 1B, Ossie Álvarez 2B, Hiraldo Sablón (más conocido como Chico Ruíz en la MLB) 3B, Leonardo Cárdenas SS, Román Mejías, Haitiano González, Ultus Álvarez y Juan Vistuer en los jardines, mientras que entre los lanzadores estaban dos caballos de batalla, Pedro Ramos y Raúl Sánchez, además de Tony Díaz, Héctor Maestri, Dagoberto Concepción y Enrique Maroto entre otros. Camilo Pascual, con el permiso de los debutantes Mellizos de Minnesota, pudo lanzar en dos juegos solamente y de manera limitada, por lo que era mejor pensar en dos refuerzos de pitcheo a falta de Camilo. La ofensiva se redondearía con Rojas y Bécquer.

A nadie le debe quedar la menor duda que ese conjunto habría luchado por el triunfo, equipo tenía para disputar un nuevo título, además de poseer el décimo pelotero, el respetable público que habría repletado las gradas.

Mucho se ha hablado de la culpa de lo sucedido. Me limito a decir que la responsabilidad es completamente de la política. Las autoridades norteamericanas venían ya fraguando un plan para quitarle a Cuba la franquicia de los Cubans en la Liga Internacional y también no permitir el juego de peloteros estadounidenses en territorio cubano.

En la convención anual de la Liga Internacional, la que tuvo lugar en el invierno de 1959 en Buffalo, se aprobó un acuerdo llamado "resolución de emergencia", mediante la cual el presidente de la Liga, Frank Shaugnessy, adquirió poderes especiales para dejar sin efecto la franquicia de los Cubans tan pronto así lo entendiera por las dificultades existentes. Me pregunto: ¿cuáles dificultades? Políticas, por supuesto. El acuerdo se aceptó con los votos en contra de Toronto y la Habana. A esta "iniciativa" le siguió otra noticia del Miami Herald del 29 de enero de 1961, donde se informaba que el presidente de las Alas Rojas de Rochester, Frank Horton, declaraba que su equipo difícilmente haría el viaje para el partido de apertura de la temporada el 20 de abril de 1960 en la Habana. El ejecutivo afirmó que, si la fecha de apertura fuera al siguiente día, su equipo no viajaría y que no creía que la situación fuera a mejorar en las siguientes semanas. La prohibición se vino cocinando y no a fuego lento. Por favor, que no me hablen de garantías, que todos los peloteros estadounidenses que han pasado antes y después por los terrenos cubanos siempre han sido tratados con mucho respeto por las autoridades, sean las que sean, como por los aficionados al béisbol.

El primer paso fue despojar a los Cubans de su franquicia, la que se le entregó a Nueva Jersey. La decisión fue adoptada arbitrariamente por el Comisionado de Béisbol, Ford Frick, por orientación del Secretario de Estado del gobierno de Eisenhower, Christian Herter. En Nueva Jersey la franquicia duró nada y hubo que trasladarla a Jacksonville, Florida, para que aparecieran los Soles de esa ciudad.

Lo que está claro que la situación política fue la que impuso la sanción a la afición cubana. No fue al gobierno, fue a la afición del país.

Venía la temporada de 1960-61 de la Liga Cubana, la sanción incluía la prohibición de participación en ese torneo de peloteros estadounidenses, los que no vinieron, en su lugar vinieron casi todos los peloteros cubanos de ligas menores y Grandes Ligas, con la excepción de Guillermo "Willie" Miranda, sus razones tendría, pero fue el único. Napoleón Reyes, designado director del conjunto de Nueva Jersey, con mucha lógica no vino a Cuba. Fue una de las mejores temporadas de béisbol que recuerde, con mucha calidad y a base de peloteros cubanos exclusivamente. La justa más reñida e interesante no pudo ser.

Ya se sabía que la XIII Serie del Caribe no se jugaría en Cuba, claro estaba que los conjuntos no podrían venir con sus peloteros estadounidenses, aparte que muchos peloteros de esos países recibirían prohibiciones de sus franquicias en la MLB.

Como siempre he dicho, servido en bandeja, la administración cubana estaba ya preparada para dar la estocada final al profesionalismo. Si no lo había hecho antes era por el antecedente de las victorias de los Cubans en la Pequeña Serie Mundial de 1959 y la del Cienfuegos en la XII Serie del Caribe (1960). Sus intenciones eran, por llamarlo de alguna manera, de carácter olímpico, por lo que el primer paso fue la creación del

Instituto Nacional de Deportes, Educación Física y Recreación (INDER) el 23 de febrero de 1961, amparado en la Ley 936, o sea poco después de que terminara la última temporada de béisbol profesional cubano (1960-61). En 1962 se promulga la Resolución 83-A del INDER, que abolió la práctica del béisbol profesional en Cuba. Estos son los hechos, el gobierno cubano obtuvo pasivamente todas las justificaciones para prohibir el profesionalismo en el deporte, incluido el béisbol, y ese fue el efecto final, lo que se ha traducido en que el pueblo cubano no ha disfrutado del mejor béisbol del mundo en décadas. Tampoco disfrutar del juego de sus compatriotas en estas lides de nivel superior.

Peloteros cubanos destacados en las Series del Caribe

En 1961 y hasta casi finales de la década de los 60, Cuba era la segunda potencia mundial en el béisbol profesional. Los cubanos fueron los segundos en practicar este deporte y luego lo diseminaron por varios países, contribución casi igual a la aportada por su país de origen.

Por esa calidad es indudable que el desempeño de los cubanos en las lides del Caribe sería siempre recordado. Sin seguir un orden cronológico, la primera figura que aparece en los records es la del zurdo Agapito Mayor, triunfador en 3 juegos, o sea la mitad de los logrados por su equipo, en la I Serie del Caribe (1949). Mayor era hombre de victorias y gustaba de ganar el bueno. Por eso, no es descabellado incluirlo como el mejor lanzador zurdo cubano que haya pasado por estas justas, mientras que el derecho es Camilo Pascual, hombre que ganara 6 juegos en estas justas, incluidas dos lechadas, además de haber sido el mejor en PCL (1.89) y en WHIP (.80). Menciones para Orlando Peña (PCL 1.95, WHIP .87) y al laborioso Pedro Ramos. Estos tres últimos lanzadores cubanos hicieron posible que los conjuntos de la Liga Cubana ya no dependieran de serpentineros extranjeros en las últimas series del Caribe.

Como inicialista no cabe otro que Lorenzo “Chiquitín” Cabrera, el inicialista oriundo de Cienfuegos, el cual logró astronómico promedio ofensivo de .619 en la III Serie (1951). La segunda base le pertenece a Tony Taylor (.346 y 3 bases robadas) por su juego en la XI Serie (1959). El antesalista no puede ser otro que el alquizareño Héctor Rodríguez, el que asistió a 4 series del Caribe, donde promedió .357 (84-30), además de haber sido el guante más seguro en su posición en la Liga Cubana. En el campo corto, la decisión es un poco más difícil, ya que Willie Miranda jugó en 5 series, pero con una ofensiva pobre, excepto en 1950 cuando bateó para promedio de .429 y en 1959 (.316). En las cinco series promedió para .202, eso sin quitar sus méritos guante en mano, el mejor de todos los tiempos. Sin embargo, Humberto "Chico" Fernández se destacó de sobremanera en la Serie de 1956, promedió .286 (21-6), con 10 anotadas, un cuadrangular y dos empujadas, a quien le otorgo esta posición.

En los jardines, no creo que haya mucha discusión en situar a Edmundo Amorós (.338, 80-27) y a Pedro Formental (.350 60-21) en las esquinas, mientras que en el central la posición no puede ser de otro que de Ángel Scull (.306 49-15). No es solo los promedios, sino lo oportuno de las conexiones de estos tres jardineros. Formental fue líder de bateo (.560), además de 3 triples, en la Serie de 1953; Scull fue líder en dobles (5) en la Serie de 1954 y Amorós (4) en la de 1952.

El receptor no es otro que Rafael Noble, el cual asistió a 3 series. En la de 1956 se llevó el liderato de bateo (.400). En la de 1958, como refuerzo del Marianao, cubrió la posición durante toda la serie, en la que promedió .263 con 6 empujadas. En la de 1960 fue como tercer cátcher y simbólicamente una vez al bate.

El director es Napoleón Reyes, el cual consiguió dos títulos consecutivos con los Tigres, y exhibe promedio de .750 con 9-3. Mención para Oscar Rodríguez al lograr triunfo de 5-1 en la Serie de 1956 y, a pesar de estar ausente por enfermedad en la de 1959, fue igualmente promotor de la victoria de los alacranes en esa justa.

Las victorias de los equipos cubanos también se les debe a varios peloteros estadounidenses, que aportaron, y no poco, a la causa de los conjuntos campeones o sub-campeones en estas primeras 12 series del Caribe.

Son varios los lanzadores estadounidenses destacados, entre ellos Bob Shaw, Jim Bunning, Art Fowler, Bob Hooper, pero toca escoger al mejor y este fue Thomas Fine, el que lograra lanzar un juego de cero hits en la Serie de 1952. Otro igualmente con mérito en esa Serie fue Bill Ayers (PCL 1.55 en 29 inn.).

El inicialista es sin dudas Rocky Nelson se llevó un título de bateo (.471) en la VII Serie (1955) y bateó para .320 en la XI Serie (1959). En la intermedia es el mejor desempeño lo tuvo Casey Wise (27-11 .407) en la X Serie (1958). El antesalista es Milton Smith, el que participó en las Series de 1956 y 1958, donde bateó para modesto .218 en ambas series, pero conectó 2 jonrones e impulsó 5 carreras. Lou Klein (.333 en 1952 y .316 en 1953) es el de mejor desempeño en el campo corto.

En los jardines, Al Gionfrido, líder de los bateadores (.533) en la I Serie del Caribe, Solly Drake en el central, quien bateó para .300 en las dos series que participó, anotó 9 carreras y robó 4 bases para liderar ambos departamentos en la serie de 1957. El jardín derecho debe acreditarse a Monte Irvin, el que logró .389 con 2 jonrones y 11 impulsadas. En la receptoría, Dick Rand (.304) en la Serie de 1953.

Fuentes

Anon. 1951. Cuba logró su primera victoria derrotando al Magallanes 9-1. Diario de la Marina, 25 febr. pp.18.

Anon. 1952 Caribbean Series. https://www.baseball-reference.com/bullpen/1952_Caribbean_Series

Anon. 1952. Thomas Fine lanzó magistralmente para lograr un desafío perfecto frente al equipo de Venezuela. Diario de la Marina, 22 febr. pp 18.

Anon. 1955 Caribbean Series. Baseball-reference.com. https://www.baseball-reference.com/bullpen/1955_Caribbean_Series

Anon. 1956 Caribbean Series. Baseball-reference.com. https://www.baseball-reference.com/bullpen/1956_Caribbean_Series.

Anon. 1956. Logró el Cienfuegos su primer triunfo con gran actuación de Camilo Pascual. Diario de la Marina, 11 febr. pp 2-B.

Anon. 1956. Pedro Ramos guió al Cienfuegos a su segunda victoria en Panamá. Diario de la Marina, 12 febr. pp 2-B.

Anon. 1956. Notable pitching de "Látigo" Gutiérrez dio un brillante triunfo a Cuba anoche. Diario de la Marina, 14 febr., pp 2-B.

Anon. 1956. Pedro Ramos con respaldo defensivo digno de admirarse triunfó en el juego decisivo. Diario de la Marina, 16 febr. pp 2-B.

Anon. 1957 Caribbean Series. Baseball-reference.com. https://www.baseball-reference.com/bullpen/1957_Caribbean_Series

Anon. 1957. Tres Verdades: el ejemplo de Panamá. Bohemia, 24 febr. pp 72.

Anon. 1958. Miñoso y Valdivielso respaldaron el gran trabajo realizado por Fornieles. Diario de la Marina, 9 febr. pp 2-B

Anon. 1958. Con las bases llenas sin out y el desafío empatado a 4 fue suspendido para hoy. Diario de la Marina, 11 febr., pp 2-B y 12-B.

Anon. 1958. Ponchó Pedro Ramos a once bateadores para su segunda victoria de la Serie. Diario de la Marina, 13 febr., pp 2-B.

Anon. 1959 Caribbean Series. Baseball-reference.com. https://www.baseball-reference.com/bullpen/1959_Caribbean_Series

Anon. 1959. Rubén Gómez superó a Peña 2-1. Diario de la Marina, 11 febr. pp 2-B.

Anon. 1959. Camilo Pascual dio la primera victoria a Cuba en la serie, superando a Panamá. Diario de la Marina, 12 febr. pp 2-B.

Anon. 1959. Camilo Pascual logró con su pitching la victoria cubana. Diario de la Marina, 17 febr., pp 2-B.

Anon. 1959. Obregón dejó a Puerto Rico en el terreno. 12 febr. pp 2-B.

Anon. 1960. Camilo Pascual logró el triunfo, pero necesitó el relevo de Orlando Peña. Diario de la Marina, 11 febr. pp 2-B.

Anon. 1960. Sacando de la nevera el juego por jonrón de "Borrego", los cubanos ganaron 6 x 4. Diario de la Marina, 13 febr., pp 2-B y 3-B

Anon. 1960. Un boleto libre a Altman con bases llenas en el 9no. acto dio el triunfo al Cuba 4-3. Diario de la Marina, 14 febr. pp. 2-B

Anon. 1960. Tres verdades- Cuba no debe aceptar eso. Bohemia, 14 febr., pp 69

Anon. 1960. Terminó invicta Cuba la XII Serie del Caribe. Diario de la Marina, 16 febr. pp 2-B.

Anon. 1960 Caribbean Series. https://www.baseball-reference.com/bullpen/1960_Caribbean_Series

Anon. 2016. Recordando la hazaña de Thomas Fine en la Serie del Caribe de 1952. La Patilla, 21 febrero 21. https://www.lapatilla.com/2016/02/21/recordando-la-hazana-de-thomas-fine-en-la-serie-del-caribe-de-1952/

Anon. 2020. 1954 Caribbean Series. Baseball-reference.com https://www.baseball-reference.com/bullpen/1954_Caribbean_Series

Conde Fernando. 2017. Historia y campeones de la Serie del Caribe. AboutEspañol, 14 febr. https://www.aboutespanol.com/historia-y-campeones-de-la-serie-del-caribe-359203.

Coogan A. James. 1951. Se coronó campeón de la Serie del Caribe, el equipo Santurce. Diario de la Marina, 27 febr. pp. 18.

Figueredo, Jorge S. 2003. Cuban Baseball: A Statistical History, 1878-1961. McFarland & Company, Inc. Publishers, Jefferson-North Carolina-London. 544 p.

Marrero Omar. 2006. Recuerdan primer campeonato de Puerto Rico en Serie del Caribe. La Nación, 2 febr. https://www.nacion.com/puro-deporte/recuerdan-primer-campeonato-de-puerto-rico-en-serie-del-caribe/KLBLH73EWVBERB4YHAWAX2SV6U/story/

Molina René. 1949. Canónico, el inolvidable. Bohemia, año 41, No. 9, pp. 79.

Molina René. 1949. Aunque derrotado por el Almendares, el equipo representante de Puerto Rico probó que es un rival peligroso por su ofensiva. Diario de la Marina, 22 febr. pp. 18.

Molina René. 1953. Imponiendo su recia ofensiva, el Habana venció al equipo venezolano en la cartelera inaugural. Diario de la Marina, 21 febr., pp 16.

Molina René. 1953. Este es el mejor Habana que ha figurado en la Serie del Caribe. Bohemia, 22 febr., pp 76-78.

Molina René. 1953. Venezuela atacó en los finales, pero se quedó corto y Cuba le ganó por segunda vez en la Serie. Diario de la Marina, 24 febr. pp 18.

Pelotabinaria.com.ve. http://www.pelotabinaria.com.ve/beisbol/

Pérez Juan F. Cuarta serie del Caribe 1952. http://www.juanperez.com/baseball/IVserie.html

Pérez Juan F. XI Serie del Caribe 1959. http://www.juanperez.com/baseball/XIserie.html

Pérez Juan F. XII Serie del Caribe- 1960, la última para Cuba. http://www.juanperez.com/baseball/XIIserie.html

Rivera Julio. 1950. Anotándole 6 carreras en el cuarto, Panamá gana la serie. Diario de la Marina, 28 febr. pp 21.

Romero Esteban. 2018. El último juego de la Liga Profesional Cubana, 8 febrero de 1961. https://deportescineyotros.wordpress.com/2019/02/08/el-ultimo-juego-de-la-liga-profesional-cubana-8-de-febrero-de-1961/

Sánchez Jesse. 2006. Historia de la Serie del Caribe. MLB.com. http://www.mlb.com/content/printer_friendly/mlb/y2006/m02/d01/c1304635.jsp

Secades Eladio. 1951. La historia se ha repetido. Bohemia, 25 febr. pp 58-61

Secades Eladio. 1951. Miguel Ángel tuvo que pedirles más coraje. Bohemia, 4 marzo. pp 96-99

Secades Eladio. 1949. Hemos ganado todos, porque ha sido un triunfo del deporte. Bohemia, año 41, No. 9, pag. 77.

Secades Eladio. 1950. Bob Hooper superó a Mel Himes en cerrado duelo, logrando Almendares su primer éxito. Diario de la Marina, 23 febr. pp 18.

Secades Eladio. 1950. Está luciendo desmoralizado el Almendares y hoy tendrá que hacerle frente a Dan Bankhead. Diario de la Marina, 24 febr. pp 19.

Secades Eladio. 1952. Le dio calambre a los peloteros rojos. Bohemia 17 febrero, pp 77-79.

Secades Eladio. 1952. A sangre y fuego ganó el Habana. Bohemia 24 febrero, pp 88-91

Secades Eladio. 1952. Campeones invictos. Bohemia 2 marzo, pp. 82-84.

Secades Eladio, 1953. Estos Yankees Negros de Puerto Rico. Bohemia, 1 marzo, pp 86-88.

Secades Eladio. 1954. Un mirador en el firmamento de los deportes. Bohemia, 21 febr. pp 86-87.

Secades Eladio. 1954. El mejor equipo ganó la Serie del Caribe. Bohemia, 28 febr. pp 86-88.

Secades Eladio. 1954. Puerto Rico logró el campeonato de la Sexta Serie del Caribe al vencer a Venezuela con score de 7 a 1. Diario de la Marina, 23 febr., pp 18.

Secades Eladio. 1955. Firmamento de los deportes. Bohemia, 13 febr., pp. 85-88.

Secades Eladio. 1955. Después de tener margen de 3 carreras, perdió el team azul frente al Magallanes. Diario de la Marina, 15 febr. pp 2-B y 6-B.

Secades Eladio. 1955. Firmamento de los deportes. Bohemia, 20 febr. pp. 83-88.

Secades Eladio. 1955. Rubén Gómez rubricó una gran actuación en el juego inaugural de la VII Serie del Caribe al derrotar a los azules del Almendares 6-2. Diario de la Marina, 11 febr. pp. 2-B.

Secades Eladio. 1956. El gran gesto de la VIII Serie. Bohemia 26 febrero, pp 92.

Secades Eladio. 1957. Jim Bunning le dio a Cuba el primer triunfo derrotando al team de Panamá. Diario de la Marina, 10 febr., pp 2-B.

Secades Eladio. 1957. Cuba fue escenario de la Serie del Caribe. Bohemia, 17 febr. pp 76-79.

Secades Eladio. 1958. Firmamento deportivo. Bohemia, 16 febr. pp 92-94.

Secades Eladio. 1959. Fowler con una bonita exhibición dio a Cuba un gran triunfo sobre Venezuela. Diario de la Marina, 13 febr. pp 2-B y 8-B

Secades Eladio. 1959. Volvió a ganar el Almendares. Bohemia, 22 febrero, pp 106-109.

Torres, Ángel. 1997. La leyenda del béisbol cubano: 1878-1991. Angel Torres Publishing Company. 308 p.

Ulacio Alex. 2014. El "Escuadrón del Pánico" de 1955, cuando Willie Mays vino a Venezuela. Desde el Bull Pen, 7 febr. http://desdeelbullpen.blogspot.com/2014/02/el-escuadron-del-panico-de-1955-cuando.html

UPI. 1960. Cienfuegos el mejor equipo. Diario de la Marina, 17 febr., pp 2-B.

Vázquez Kako Edwin. Serie del Caribe 1949 Cuba. 1800 Béisbol. https://www.1800beisbol.com/baseball/deportes/serie_del_caribe/serie_del_caribe_1949_cuba/

Vázquez Kako Edwin. Panama Campeones de La Serie del Caribe 1950. 1800 Beisbol. https://www.1800beisbol.com/baseball/deportes/beisbol_panama/panama_campeones_de_la_serie_del_caribe_1950/

Vázquez Kako Edwin. Serie del Caribe 1951 Jibaro Olmo. 1800 Beisbol.

https://www.1800beisbol.com/baseball/deportes/serie_del_caribe/serie_del_caribe_1951_jibaro_olmo/

Vázquez Kako Edwin. Serie del Caribe 1953 Santurce. 1800beisbol.com
https://www.1800beisbol.com/baseball/deportes/serie_del_caribe/serie_del_caribe_1953_santurce/

Vázquez Kako Edwin. Serie del Caribe 1954 Puerto Rico. 1800 Béisbol.
https://www.1800beisbol.com/baseball/deportes/serie_del_caribe/serie_del_caribe_1954_puerto_rico/

www.ingramcontent.com/pod-product-compliance
Lightning Source LLC
LaVergne TN
LVHW012052160826
845678LV00014B/2800

9788409423880